世界儒学译丛 | 国外山东印象

泰山传
东岳圣山志

Tai Shan:
An Account of the Sacred Eastern
Peak of China

【美】德怀特·康斗·贝克尔 —— 著
吕化霞　郦管非 —— 译

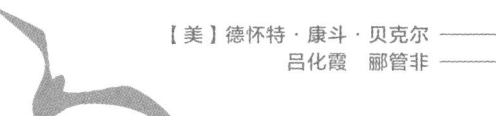

Dwight Condo Baker

中央编译出版社

图书在版编目（CIP）数据

泰山传 : 东岳圣山志 / （美）德怀特·康斗·贝克尔著 ; 吕化霞, 郦管非译. -- 北京 : 中央编译出版社, 2025. 1. -- （国外山东印象 / 魏华中主编）. -- ISBN 978-7-5117-4836-2

Ⅰ. K928.3

中国国家版本馆CIP数据核字第2024E0S658号

泰山传：东岳圣山志

出版统筹	张远航
责任编辑	赵可佳　孙百迎
责任印制	李　颖
出版发行	中央编译出版社
地　　址	北京市海淀区北四环西路 69 号（100080）
网　　址	www.cctpcm.com
电　　话	（010）55627392（总编室）　（010）55627362（编辑室）
	（010）55627320（发行部）　（010）55627377（新技术部）
经　　销	全国新华书店
印　　刷	佳兴达印刷（天津）有限公司
开　　本	880 毫米 × 1230 毫米　1/32
字　　数	118 千字
印　　张	6.5
版　　次	2025 年 1 月第 1 版
印　　次	2025 年 1 月第 1 次印刷
定　　价	68.00 元

新浪微博：@中央编译出版社　　　微　信：中央编译出版社（ID：cctphome）
淘宝店铺：中央编译出版社直销店（http://shop108367160.taobao.com）（010）55627331

本社常年法律顾问：北京市吴栾赵阎律师事务所律师　闫军　梁勤
凡有印装质量问题，本社负责调换，电话：（010）55627320

泰山进香路线图

住水流桥远望泰山

神秘的东岳真形图
（拓印于岱顶东岳庙五岳真形图石碑）

前　言

泰山，古称岱宗，被尊为五岳之首，享有"天下第一山"的盛誉。泰山位于山东省中部，隶属于泰安市，前邻孔子故里，背依省会泉城，主峰海拔约1545米。泰山山体高大巍峨，气势雄伟磅礴，重叠的山峦、陡峻的山势，无不蕴藏着奇、幽、险、丽的自然景观。千百年来，中国历代帝王亲登泰山封禅祭祀，文人雅士挥笔书写对泰山的仰慕向往，黎民百姓进香祈福，更是将信仰与崇拜毫不吝惜地寄托于泰山。亘久以来，绵延于齐鲁大地的泰山始终承载着中华优秀历史文化的丰厚内涵。

19世纪中叶以后，越来越多的西方人来到中国探寻、游览心之所向的名山名景，泰山当然也囊括其中，它吸引了一批批外国游客，相伴而来的便是一部部以泰山为中心的著述。《泰山传：东岳圣山志》一书的原版为1925年商务印书馆出版的 *Tai Shan: An Account of the Sacred Eastern Peak of China*，作者为当时在齐鲁大学任教的美国人德怀特·康斗·贝克尔（Dwight Condo Baker）。

本书最初由美国人赖恒利（Henry S. Leitzel）着手编纂，但由于其不幸早逝，而后由贝克尔接手最终完成了本书的创作。

赖恒利于1915年完成学业后来到中国，曾先后在山东兖州、泰安、曲阜工作。赖恒利非常欣赏泰山自然景观，曾多次攀登泰山，拍摄了大量泰山风景照片。贝克尔在写作本书的过程中，将赖恒利着手翻译的中国历史古籍《泰山志》的相关资料和一些珍贵的照片运用到本书中，书中还引用了法国汉学家沙畹所著《泰山》和德国学者切柏所著《泰山》等有关研究文献，为西方人了解中国泰山提供了完整而有力的参考。

《泰山传：东岳圣山志》是一部比较系统介绍泰山知识的专著。作者在书中讲述了泰山的概况，山路沿途的自然景观和庙宇、遗址等人文景观，以及中国古代文化中的山岳信仰、民俗风情等。然而，作者由于受到时代背景、文化差异、语言差异等因素的影响，在解读泰山的文献资料时出现了一些主观性问题和理解性偏差。针对书中此类差错，编者尽量用脚注的方式进行说明和更正。因水平有限，疏漏和不足之处在所难免，恳请读者谅解，欢迎大家批评指正！

至圣之山

浩渺苍穹，十二①清风拂过天，

攀登六千级石阶后，欢欣瞬间而至，如同一声呐喊！

这便是泰山，壮丽巍峨，至圣至尊。

脚下，山峦起伏，褐色中散落着绿意；视野远处，

平坦的褐色平原，大地之基，延伸至蓝色的莽莽天际。

身旁，在这空灵之境，

庙宇的屋檐勾勒出舒缓的曲线，映衬着天空，

一只黑鸟盘旋于虚空之上。

---

① 十二可能指黄道十二宫；也可能指传统十二个方位的风玫瑰图（the classic 12 point compass rose），用以表现此地广阔。——译者注

浩渺苍穹，十二清风在此汇聚；

永恒相伴左右——身处一种顷刻便至的白色宁静，

感悟一种显而易见的存在。

韵律在此停歇。时间在此停滞。这是无终点的终点。

五百年前，先于耶稣降世，孔子曾抵达此地，

与我一同，步入这永恒之境。

身旁的石碑，镌刻着文字，历经岁月沧桑："孔子小天下处。"

石碑日渐斑驳：

永恒不属于石头。

但我终将离开这空灵之境，这顷刻便至的白色宁静，

这令人振奋的喜悦，

时间将再次将我包围，我的灵魂将再次融入日常生活的节奏。

然而，曾经的体验，使生活不再逼仄，

我将永远感受时间在我周围变得稀薄；

因为我曾经

置身于这永恒的风中。

——《中国印象》(*Profiles from China*)，

［美］尤妮斯·娣简丝（Eunice Tietjens）

序　言

古老的泰山！你是人类不可剥夺的崇拜本能的不朽见证！你是人类渴求追寻天帝①的坚毅象征！敢问，谁的心灵能够对人类长久以来为追求至善而奋斗的悲怆无动于衷？谁能够心无敬畏就站在这雄伟的祭台之上？在摩西（Moses）②于西奈山（Sinai）之巅寻求耶和华（Jehovah）的几个世纪之前，香客早已跋涉于你崎岖的山坡，追寻着天帝。他们将虔诚的文字深深凿刻在你坚硬的花岗岩峭壁上，岁月的风雨将岩石冲刷得光滑如初，但那些古老忠诚的印记仍然留在这个民族的灵魂深处。自初次极顶封禅以来，所有史书记载的真实王朝和文明都历经兴衰。唯有香客古往今来不断登顶瞻拜的民族和文明例外。谁又能说，将你的崇拜者从四面八方吸引而来的古老信仰，不是维系着你脚下这个国度，历经

---

① 中国神话中天上的主神。——译者注
② 犹太人的古代领袖，带领希伯来人出埃及、过红海，最终在西奈山接受上帝十诫。——译者注

四千年而不衰的一条神秘纽带呢?

为了了解中国的内在灵魂,无论是西方还是东方的旅行者,都必须加入朝山香客的行列,辛勤攀登,前往云雾缭绕的寺庙。无论是繁华的港口城市,还是迷人的首都;无论是口中吟咏、肩负全国货物的搬运工脚下的绵延小路,还是养育无数饥民、广袤无垠、不见杂草的田园,抑或是世代相传,制造和销售劳动成果,并将古老家族的荣光融入其中的千百条繁忙街道,旅行者都无法在这些地方一探中国的内心世界。必须来到泰山,来到你的跟前,或者去往像你一样拥有寺庙的山峰,才能找到闹市中缺乏的中国灵魂之神秘气质;才能发现喧嚣的叫卖声之外,中国人对无形事物所赋予的价值和甘于为之牺牲的力量;才能跳脱出近代中国变幻莫测的政治、无益的战争和更迭的统治者,领悟中国人对伟大信念的坚定忠诚;才能在见证磐路沿途中国古老的宗教毫无争议地交相融合后,从中明白中国人对其他信仰的包容,这种包容与基督教信仰中经常表现出的偏执形成一种对比;才能领会石阶之上、渴求满足中国内在灵魂的中国人对追求身体舒适的鄙夷;才能领略中国丰富的古典传说,这伟大而古老的民族更崇高的灵魂在其中找到了美好的表达。

言不尽于此,我的朋友写的这本书,将帮助有思想的旅行者在你身上,在泰山,找到这些东西。但当我想到你,想到你巍峨地矗立于苍穹之下,我眼前浮现的不仅仅是一个民族更高尚生活的神秘象征,我还看到了另一个更崇高的象征,那是人民的最高希冀。在你的脚下有一座坟墓,是我所爱戴之人的坟墓。他深爱着你,为此甚至献出了自己的生命。他为的是帮助你的人民找到道路、真理和生命,这些正是香客长久以来怀着渴望的心,拖着疲惫的脚步,在你身上所苦苦寻觅的。

L. J. 伯尔尼

中国上海

1924年12月17日

导　言

这本薄卷介绍了东方至古圣峰的传说，最初由美国人赖恒利（Henry S. Leitzel）着手编纂，而他不幸于1923年圣诞节早逝，于是这部作品宣告中断。他曾致力于将二十卷本的中国历史古籍《泰山志》翻译成英文，并沿古老磐路登上峰顶，拍摄、收集了大量珍贵的历史遗迹照片，整理为影集。这些珍贵的资料都收录于本书之中。我亦受益于其他中外出版物，特别是爱德华·沙畹（Edouard Chavannes）所著《泰山》（*Le T'ai Chan*）和切柏神父（Tschepe）所著《泰山》（*Der T'ai Schan*）。我在此感谢大学①教职员工，他们的鼓励使我能够继续完成这项工作，还要对协助完成此书的人致以谢意：泰安萃英中学的徐慎思先生、商务印书馆的法学博士邝富灼，以及上海美以美会（Methodist Episcopal

---

① 指齐鲁大学，是中国最早的教会大学之一，现已被撤销建制。——编者注

Church）常驻主教、神学博士、法学博士L. J. 伯尔尼（L. J. Birney）。最后，我还要感谢商务印书馆校对部门爱丽丝·M.罗伯茨（Alice M. Roberts）女士的仔细审校。

愿这本关于泰山的记述，不仅能帮助西方人一窥中国伟大而辉煌的过去，也能让人们铭记那位勇敢的青年。他在"路边的一所房子里"生活、死去，照料那些远道而来、饥肠辘辘的香客。他们从贫瘠的平原一路跋涉，为的便是瞻拜这座信仰之山、这座至圣之山。

浩渺苍穹，十二清风在此汇聚；永恒相伴左右——身处一种顷刻便至的白色宁静，感悟一种显而易见的存在。

德怀特·康斗·贝克尔
1924年12月25日于齐鲁大学

目 录

第一章　引言／001

第二章　石门路／013

第三章　桃花峪／033

第四章　快活山／055

第五章　在天门前／075

第六章　威镇东方／089

第七章　两位圣贤／107

第八章　古之祭坛／121

第九章　古之庙宇／137

第十章　泰山纪事／157

第十一章　附录／175

第一章

引 言

泰山吟[1]

[东晋] 谢道韫[2]

峨峨东岳高,秀极冲青天。

岩中间虚宇,寂寞幽以玄。

非工复非匠,云构发自然。

器象尔何物?遂令我屡迁。

逝将宅斯宇,可以尽天年。

---

① 作于约400年。
② 左将军王凝之之妻。

引 言

中国的山常被冠以"圣"名，上面修建了各类为古老信仰修建的宫观庙宇。道教和佛教分别有四大名山，此外还有成千上万有着各自地方传说的小"名山"。这类名山之上，大多都有道士或僧人修建的用以举办特殊宗教仪式的场所。泰山便是其中之一，作为"东岳圣山"，至少在公元前2000年时，它便已然是一片神圣的热土。中国的上古统治者曾在此处封禅。唐宋年间，道教进入鼎盛时期，泰山是其最负盛名之处，君主臣民，从上到下无不信奉道教神仙，仰慕泰山之巅的洞天福地。今天，泰山依然香火旺盛，许多人在其坡道上辛勤跋涉，祈求福祉，渴望长寿。

泰山有"五岳之首"的称誉，文人墨客亦称其为"丈人峰"。泰山位居东方，是万物发祥之地，中国古人即以东为尊，泰山便为五岳之首。它茕茕孤立，与青藏高原上昆仑山脉的崇山峻岭遥遥相望，昆仑山脉的险峰峭壁为云雾所缭绕，其间仿佛藏匿着玉皇大帝和神秘莫测的西王母的宝殿,凡人还未能一睹其极顶之风采。①泰山一直受人景仰,追溯历史,它早在万千年前就已形成。尧舜以前,上古七十二帝便朝拜泰山,在此设立祭坛,呈上贡品、奇石举行祭典大礼。

泰山庄严的山头在山东傲然耸立,可谓一览众山小。自古以来,黄河流域多发大水,沼泽遍布,为此,先民或许便来到其山麓躲避水灾。久而久之,人们就在此创建了一个原始的文化中心,后来演化为西方人所称的"中国圣地"(holy land of China)②。正如里奇瑟芬男爵(Baron Richtofen)所言:"圣人孔子,孜孜以求,于鲁国缔造中国历史经典之地,此地孕育新文明,新文明又受此地沃土之浇灌。"③

五岳是古代朝山进香的圣地,香火最旺,它们分别是:东岳泰山,位于山东;南岳衡山,位于湖南;西岳华山,位于陕西;北岳恒山,位于山西;中岳嵩山,位于河南。五岳主要与道教有密切联系,但道教创立伊始,这几座山就早已有了赫赫名声。后古典时期(post-classic period)④,佛教传入中国后,为了效

---

① 原书出版时间为1925年,当时隶属昆仑山脉的高峰,如乔戈里峰还未有人登顶,与目前情况有出入。——译者注

② 来华的西方人常常称山东为"中国圣地""中国圣城"等。——译者注

③ 原文摘自英国人法思远所著《山东:中国圣省》(*Shantung, the Sacred Province of China in Some of Its Aspect*)。

④ 国外历史分期方式,主要指500—1300年。——译者注

仿五岳，逐渐形成了中国佛教四大名山：山西五台山，安徽九华山，四川峨眉山，浙江普陀山，分别位于北方、南方、西方和东方。道教将五岳与五行，即木、火、金、水、土相对应，佛教则将四大名山与"四大元素"，即风、地、火、水相对应。在此基础上，渐渐演化为很多对单一元素个体的膜拜。因此，自然而然，作为"五方天帝"之一的青帝，便成为人们来到泰山主要的祭祀对象。

东岳泰山位于津浦铁路的主干线上，正好处在铁路两终点的中间，是五岳中最易到达的一座山。它的北面是山东省省会济南，南面不远便是孔子故里曲阜。因此，泰山可以说处于山东"圣地"（holy land）的中心地带。如果外国游客入住泰安、济南和曲阜火车站附近的铁路酒店，那么就能够非常方便地参观这些最为古老的历史遗址。如果要搭轿去泰山，或是搭马车行六里①路去往孔林，应提前通过电报通知酒店管理人员。

无论是步行还是坐轿，登泰山都要花上将近一天时间。上山约需六小时，包括在沿途宫、观、庙等停留参观的时间，而下山可能都用不上两小时。因此，精明的轿夫估算距离的方式就很独特：上山四十五里路，下山十五里路，换句话说就是上山路是下山路的三倍。外国游客租用轿子，通常租一次就是一整天，每天

---

① 里，长度单位，1市里等于150丈，合500米。——编者注

约需四美元，共有四名轿夫抬轿，但对于本地香客，轿夫往往按单程里数收费。

旅客从铁路旅馆出发，通常取乡间小道，绕过泰安西郊，沿途风景宜人，往南是平原，往北是群山，高石墙内还有各种标志性建筑，包括天主教堂的尖顶、圣公会教堂的方形塔楼，以及泰安最著名的庙宇岱庙（旧称泰庙，也称东岳庙）那闪闪发光的黄色瓦顶。途中回望，能看到身后的火车站和旅馆，这让人回忆起那些德国工程师和建筑师，是他们把现代"铁路"带到神圣的泰山脚下和孔子故里。火车站南边紧邻森罗殿①（又名蒿里山神祠）的古墙和蒿里山上的石塔，旁边流淌着泮汶河（又称北汶、泮河），它是著名的黄河支流大汶河的一条支流。大汶河也是齐鲁两诸侯国的分界线，两国曾经对此多有纷争。

典型的农村景象吸引着外国旅行者的目光：小块田地里种满了小麦、菜豆和玉米；河岸边，羊群悠闲地吃草；光着身子的儿童在玩耍，老妪正挥舞着捣衣杵敲打衣服；农民们面朝黄土背朝天，佝偻着腰背吃力地挥动锄头耕地。一路上，简陋的小屋映入眼帘，透过树林可以瞥见清真寺。

到达城市北郊之前，我们跨过迎仙桥，接着就进入了东岳仙境，道路两旁的每座祠堂庙宇和每块石碑，都在默默诉说着山中

---

① 已于1931年被毁。——译者注

各路神仙的无上荣光和玄妙莫测。"泰山"一词有着历史厚重感，又交织了神话色彩。因此就算是最为审慎的学者，也很难弄清这两个字背后的深意。就在小石桥的右边，有一座灰色的三教石塔，供奉着孔子、佛陀和老子三大历史人物的塑像。三座塑像并排而立。在通往城墙的石子路的稍远处，矗立着进入梳妆院的美丽红色拱门，展示了一位传说中极具神秘色彩的泰山女神。传说中，每当清晨，她便沿着神圣的小径漫步至山顶，塑像则展现了她在出发前梳理长发的模样。无论是来自乡村虔诚的老尼姑，还是前来还愿的迷信道士，抑或是专心研究风化石刻的儒生，所有香客的心愿都可以在爬山的过程中得到满足。因为岩石上镌刻着诗意的文字，称泰山"景会群真"，为"万仙居所"。

于是，简单眺望一下远处平原上的城市后，我们走完了三里路，在此驻足，我们便站在了磐路的起点，孔子和众多王侯将相都曾踏过这条历史悠久的天阶。前方一段平缓的爬升路旁是桃花溪，沿途种满了柏树；接着便是陡峭的石阶，共计六千余级；石阶通向天边的小红门便是南天门了。

但在讲述这些最著名的"万仙居所"的故事之前，我们不妨先谈谈那些沿着这条圣路上上下下，来来去去的中国朝山香客。若想一探泰山最美的时节，就应该像乔叟笔下那些中世纪的坎特伯雷朝圣者一样，于四月份到此进香：

四月甘霖润大地，

三月干渴已入根。

……

此时人心思朝圣，

香客探访异邦岸，

寻觅远方诸圣地。

在中国，春和景明的时节唤醒了人们心底"寻找异邦岸"和"诸圣地"的渴望。事实上，看到这些晒得黝黑的东方面孔，我们西方人似乎觉得此刻正翻看乔叟的作品，也几乎认出了那些早已熟知的旅伴。年轻的乡绅①在强壮的佃农轿夫的陪同下，舒适地坐在轿子中的软垫上，从我们身边经过。那个衣着华丽、贪图享乐、困而不学的油滑的修道士②仿佛被带入了这个东方世界。大批年轻的学生和中国经典的学习者来到此地探访"孔子小天下处"，他们身上也有那个深耕逻辑学的衣衫褴褛的牛津学者③的影子。但

---

① 乡绅（Squire）是《坎特伯雷故事集》（*The Canterbury Tales*）中一角，年约二十，乃骑士之子。——译者注

② 修道士（Monk）是《坎特伯雷故事集》中一角，衣着华丽，不守规则。——译者注

③ 牛津学者（Clerk of Oxenford）是《坎特伯雷故事集》中一角，身形瘦弱，衣着朴素，专注学习。——译者注

是，最常见的香客还是犁夫①，他们是"真诚、善良的劳动者"，他们来到泰山还愿，焚烧纸钱、进香礼拜，感念上天赐予五谷丰登，给予他们膂力收获硕果。

和坎特伯雷时代类似，泰山也有许多女性香客。来此瞻拜的东方版巴斯妇②也随处可见。一位老妇人拖着那双三寸金莲艰难地前行，疲惫地拄着香客使用的红色拐杖，若是体力不济，则停在路边歇脚。也许这位虔诚的老妇人要经受两天这样的苦修，才能够在山顶壮丽的碧霞祠致敬"泰山娘娘"。对于这些缠足的老妇人来说，攀登通往南天门的六千级台阶，确实是一项积德累仁的壮举。

春季是香客朝山进香的时节（即春香），从春节开始，每一天都会有数千乡民接踵而来。每个香社都由德高望重的会首打着红边旗幡，以示他们来自中国东部各地的村庄。旗幡上绣着的有：北边的保定府和顺德府，西边的开封府和大名府，南边的徐州府和沂州府，同时旗幡上还附加了"朝山进香"的字样。许多人从山东省东部翻山越岭而来，也有人从山东省西部的大运河地区渡河而来，尤其是来自最落后地区的中心——曹州府的人特别多。

---

① 犁夫（Clerk of Oxenford）是《坎特伯雷故事集》中一角，形象较为简单，但具有重要象征意义。——译者注
② 巴斯妇（Wife of Bath）是《坎特伯雷故事集》中的一个著名角色，也是英国文学中最早的女性主义角色之一。——译者注

现在有些人则乘坐铁路，风风光光地出行，开往泰安的慢车中，有两三个这样的"旅行团"占满了三等车厢。幸运的是，他们也不用打点什么行李。春天的夜暖洋洋的，带一条毯子晚上睡觉时盖就足够了。但在回程时，香客总是会带上大量纪念品，或是捎上取自这座圣山的灌木，或是购入龙头登山杖带回家，也有人给家中孩童带了玩偶和口哨，给家中妻子买了锡制护身符或耳环。因此，在一长队返乡旅客的末端通常会有一名挑夫，他挑起的担子让人联想到传统意义上圣诞老人拿着的大礼物袋。

家境较好的农村妇女，会结伴出行。她们有时乘坐独轮手推车，两人一组，由人推着前往泰山，也是以十几个人的"旅行团"的形式出行。每个妇女都拉着一个中式箱子，装着由泰山各处著名庙宇的道长所赐发的小饰品和古奥神秘的符箓。许多老媪只能到达泰山脚下最重要的庙宇。其他人则艰难地沿着整条磐路向上攀登。更富有的人则租用山轿，轻松地到达山顶，但她们会在身边绑上半打用纸钱做成的"鞋"，以表达她们对神灵的虔诚。

关于泰山的各类中文著作都会用专门的章节讲述朝山进香的历史。正如每个香客所闻，泰山是世界上最古老的山脉之一，至少在尧舜二帝统治这片土地时它就已经矗立于此。早在亚伯拉罕（Abraham）与其父他拉（Terah）生活的时代，尧舜二帝就已经在泰山设立一年一度的封禅习俗，祭祀天地。在那之后，历代皇帝和皇帝之下名声稍逊之人，以及不胜枚举的普通犁夫香客，他们都通过艰辛的登山活动积攒功德。一位当前期刊的作者曾这样比较东西方的古老敬奉传统："在图坦卡蒙（Tutankhamen）葬于尼罗河畔新启之墓的千年之前，在巴比伦帝国建立之前，在底比斯建立初期，在被称为米诺斯的古代君王们开始统治克里特岛的克诺索斯之时，在亚述、特洛伊、希腊、迦太基或罗马崛起并书写辉煌之前，中国人，受文明滋养的开化之人，就早已在此祭拜天地了。记载于史书的大多数文明开始之前，香客早已登临过泰山，而大部分上述文明才开始经历兴起、繁荣和衰落，舜却早已来到泰山封禅。来到泰山敬拜的人从古至今数不胜数，敢问世上还有哪个地方能如此？贝尔·马尔杜克（Bel Marduk）和奥西里斯（Osiris）的圣殿、神庙早已被当地的沙漠所深埋，游客如今参观雅典和罗马的遗迹时，已不再对这些神龛所供奉的神灵怀有任何崇敬之心。但历经4000年，抑或是更久，香客却始终满怀虔诚之心，朝泰山进香。每朝每代都有数百万人登临泰山，他们来到这里，为的是向神灵最原始的概念形态表示敬意。尽管新的宗教信仰层出不穷，这种原始概念却仍然保持其最基本的地位。新旧之间没有冲突，因为中国一直以来都兼容并蓄，新事物的到来是为了进一步讴歌旧事物。这座山峰之上有一小群古老庙宇，它们屹立于世界之巅，成为中国特质的缩影——源远流长、坚忍不拔、大度包容、尊古纳新,它像一块强大的永磁铁,不断吸引着新事物、新力量,最终将它们融入其悠久的尊重权威、尊重历史的传统之中。"①

雪花桥附近的"天下第一名山"石刻(见第59页)

---

① 原文摘自《密勒士评论报》(China Weekly Review)中格兰·巴伯(Glenn Babb)所写的一篇文章。

第二章

石门路

鲁郡东石门送杜二甫[①]

[唐]李白

醉别复几日,登临遍池台。

何时石门路,重有金樽开?

秋波落泗水,海色明徂徕。

飞蓬各自远,且尽手中杯。

---

① 作于约750年。

石门路

岱宗坊是一座白色石坊,是通往泰山极顶磐路的起点。其名"岱宗"源自古老的历史文献集《尚书》,书中记载公元前23世纪左右,舜帝"东巡守,至于岱宗。柴,望秩于山川"。①隆庆年间(1567—1572年),巡抚姜延颐、河道总督翁大立、巡抚罗凤翔始建岱宗坊;此后,雍正八年(1730年),皇帝下诏重建此坊。

在中国古代神话中,阎罗是冥王(Pluto),其司掌之地位于大地深处、大海之底的丰都城,亦称酆都城,意为"丰饶之城"。在这个地下炼狱之中,死者灵魂要接受十殿阎罗的审判,每一殿阎罗都对亡灵施加不同形式的惩罚。实际上,阎罗源自印度神话人物阎摩(Yama),他在"望乡台"上主持对非道教信徒和对道教持怀疑态度之人的审判。泰山王是第七殿阎罗,其司掌之地位于"大海底,西北方,沃焦石下"的焦热大地狱(又称热恼大地

---

① 一说"柴而望秩于山川"。——译者注

泰安北郊远望泰山之景

狱）。他在那里审判阳世谋财害命、取骸合药之人。①

人们愈发相信泰山能"治鬼"，因此泰山在道教冥界中有了一席之地。早在255年，文学作品中就已经使用"上泰山"一词委婉指代死亡。②许多民间志怪传说都以泰山的鬼差出没之地为背景，小鬼正来自可怕的丰都东岳鬼殿。据说，阴曹地府的入口位于铁路车站旁的蒿里山脚下。在另一座阎罗殿中，无数村民为已故先人立下石碑，祈祷通过这种方式减轻他们在地狱中所受的苦难。

---

① 原文参见英国作家翟理思（H. A. Giles）翻译并注释的《聊斋志异》（英文版）（*Strange Stories from a Chinese Studio*）。

② 原文参见法国汉学家沙畹所著《泰山》第六章。

岱宗坊旁边较小的森罗殿现已改建为在泰山行乞之人的救济所,而蒿里山的主殿仍是香客进香的主要地点。①

泰山行宫位于岱宗坊西侧,行宫是一种特殊的敬拜场所,香客可在此下榻果腹。泰山行宫零散分布在泰安平原,相近的两个行宫大约需要一天的路程。在西南方向约64千米之外的东平山上(通往大运河的公路上)有一处非常富裕的寺院和行宫。山东省省会济南还有另一处著名的泰山行宫,用于祭祀泰山圣母碧霞元君,它于乾隆三十五年(1770年)修建,立于原先更古老的庙址之上。20世纪20年代以来,它用作军营。在此之前,这里还矗立着绮丽的凤凰台,纪念"宣帝元康元年②,凤凰集泰山"之事,后汉宣帝下令以"其地为台"。③

三皇庙④是一座位于岱宗坊偏北侧的小型建筑,其中供奉着三皇⑤,即传说中中国上古时代三位首领的合称。中间供奉着身披树叶的伏羲,其他史前文明中也出现过这种上古着装方式。东侧供奉着头戴草帽、身着草裙的神农,西侧供奉着以布衣覆体的黄帝。通过这种摆放方式,香客便能直观地了解文明演进和发展。

---

① 原文参见1924年《英国皇家亚洲学会会刊》(*Journal of the Royal Asiatic Society*)。

② 公元前65年。——译者注

③ 原文参见《泰山志》第六卷。

④ 已被拆除。——译者注

⑤ 不同地方指代的人物有异。——译者注

在同一房间的两侧，还摆放着八位与农业有关的神祇的塑像，即八蜡。每当五谷丰登之年，农民会大行祭礼。史书典籍鲜少提及八蜡，仅在《礼记》中的一段晦涩的文字有所提及。然而，皇帝们却纡尊降贵，认可这些神祇的地位。明弘治年间，皇帝曾派遣亲信之官致祭，并设有御制祝文碑，这便是皇帝祭祀这些神灵的一大明证。八位神祇中，有一位长着可怕的獠牙，可能就是消灭野猪之患的虎神。20世纪20年代，野猪已不再在泰山生事扰民，但它们仍是山西农民的腹心之疾。

磐路以东的第一段路上，曾经矗立着先医庙。老地图显示，此地还曾建过升元观，关于它的记录可以在政和八年（1118年）立起的石碑上找到只言片语，石碑位于白鹤泉（在升元观西边）的大门右侧。另一块石碑则建于至元二十二年（1285年），位于三皇殿后侧，碑文表明升元观更名为朝元观。但嘉靖年间（1522—1567年）又恢复了之前的名称，即升元观。此观祀东岳福神。

岱宗坊之后，通往西边的第一处庙宇的大门上刻着"白鹤泉"三个字。永隆元年（680年）这泓古泉边曾栖息着一大群白鹤，这里也因此得名。如今，人们早已忘记古泉与白鹤。为了启迪游客，让他们收获教益，这里还放有一尊传说为康熙年间（1661—1722年）的"货真价实"的道士遗蜕，供奉仙人洞。一进门就可以看到这位得道仙人的遗蜕，当然其躯体不再保有肌肉和血液，但皮肤和骨骼都留存了下来。他身着红色道袍，坐在一

白鹤泉之门,还有旁边升元观的石碑

前往东平沿路所见的泰山行宫——信奉泰山宗教文化的庙宇之一

个壁龛中,面部涂抹了一层厚厚的金色颜料,但手筋和胫骨却栩栩如生并覆盖着羊皮纸般的皮肤。墙上的题字表明这位道士家姓孙,道名真清,在这座庙宇中修行了约六十年,而后羽化登仙,活至九十三岁高龄(1610—1703年)。他临近羽化时受到神灵启示,于是指示道徒"吾死停于阁内,三年开视,可埋则埋"。后来,他的尸骸在此放置了十二年从未受人打搅,直到有人决定开阁视之,发现他依旧仪态端庄,一如生前模样。于是,道徒们决定修建神龛,将这带有传奇色彩的遗蜕供奉起来,以启迪后世道士的心灵,并从中获取布施。

沿白鹤泉仙人洞的台阶可以直达玉皇阁的上层露台。玉皇阁始建于万历年间(1573—1620年),当时明神宗朱翊钧资助了很多艺术、宗教相关的活动,东岳其他庙宇之中同样可以看见他的名字。同一处建筑群内,还有一座建于乾隆三十五年(1770年)的殿堂,由同样伟大的清代资助者乾隆皇帝出资修建。翠绿的树木和芳草茵茵的坡地,为这些皇帝在东岳圣山脚下的住憩生活增添了几分乐趣。正是在皇家的支持下,

登山路上所见山轿

这座庙宇独特的信仰发扬光大。后来又得益于地下埋葬的圣人遗骸，其名头更为响亮。道教的至高天帝玉皇大帝在泰山极顶（玉皇顶）有一座更著名的祭坛。在这里，祭拜的对象包括三官大帝，即掌管天界、地界、水界的三界之神，主祀三官大帝之处位于露台下方，称为"三元洞"。天庭中，玉皇大帝之下，还有十二位神仙，其中两位是雷公电母。正如2世纪纯正的中国浮雕所示，他们手持象征自身力量的锤子和剪刀①。但法国汉学家沙畹认为，雷公电母因为长有鸟喙鸟爪，所以相较于其他神仙，更加迥然不群。可能受到南方传来的印度教神祇的启发，雷公电母的形象与迦楼罗（Garuda）②的外形尤为相似。

北斗殿位于与玉皇阁相邻的西侧院落中。每逢节庆日，人们常常会到这座神殿聚集，届时大殿的地面上满是谷物和糕点之类的供品。它是泰山北斗信仰的下庙，与该信仰相关的另一座庙宇则是山谷更高处的斗母宫，它位于泰山极顶，孤零零地矗立在天街边的北斗台上。在民间信仰中，夜空中的北斗星与地上的泰山是至高统治者的左膀右臂，分别掌管着各自的领域。下庙北斗殿于16世纪明隆庆年间所建。

离开玉皇阁和白鹤泉的院落后，沿着鹅卵石路继续前行，

---

① 原文如此，与中国古代神话传说中其所持法器有所出入。——译者注
② 梵语，印度神话中的一种巨鸟。——译者注

便能穿过一片柏树林，此处曾经建有几座唐宋时期香火鼎盛的庙宇。再往西走，离主路稍远的地方，有一座金龙四大王庙（简称大王庙）。据中国历史文献记载①，此庙的"大王"为南宋浙江杭州的谢绪，即宋理宗赵昀皇后谢氏的父亲。②德祐二年（1276年），蒙古铁骑围攻临安，攻入皇宫，掳走皇后。绝望之中，谢绪投苕溪自尽。随后便发生了令人惊奇的事情，他的尸体竟直立逆水而上。他葬于金龙山脚下，因为是家中的第四个儿子，他的庙宇就被称为金龙四大王庙。明朝时期，这里有一座谢绪的庙宇，天启六年（1626年）③明熹宗朱由校因其护漕有功，加封他为"护国济运金龙四大王"。随着时间的推移，谢绪逐渐被人们遗忘，其庙宇也被误以为是排行第四的金龙王之庙，不再与这个人相关。现在各地都有人崇奉这位龙王，奉其为雨神。这座小型建筑内部便是这位地位极高的龙王，他手持宝剑，身边配有一男一女两个助手，前面是六位从祀神灵的牌位，这些神灵被尊为河神：黄大王、朱大王、平浪侯晏公、英佑侯萧公、杨泗将军和陈九龙将军。

老君堂位于道路东侧，正对龙王庙。它是昔日一处宏伟建筑

---

① 《大清一统志》第二一八卷和《泰山志》第十卷。

② 原文如此，据《大清一统志》第二一八卷记载："谢绪，钱塘县人，理宗皇后谢氏之族也。"可见谢绪并非皇后谢氏之父，而是谢氏之侄。——译者注

③ 一说天启四年（1624年）。——译者注

群的遗迹。元代以前,曾有东岳信仰中庙岱岳观矗立于此处树林中。它与下庙岱庙和上庙东岳庙有着紧密联系,前者位于泰安市内,后者位于泰山极顶。老君堂内可以看到老子像,老子名声显赫,尊为《道德经》作者和道教始祖。堂内还从祀老子的两位随行弟子,可能是尹喜和另一位徒弟。据说,老子的这部道教经典就是受著名的函谷关关令尹喜之托而作的。庭院内的双束碑(又称鸳鸯碑)上面刻有7世纪唐人的铭文、题字,是此处更有价值之物。碑两侧刻有二十五则[①]刻辞,并标注了龙朔元年到圣历元年(661—698年)之间的日期。双束碑于唐高宗和唐中宗统治时期所建,当时道教得到扶植与崇奉,处于复兴时期,因此可以说双束碑在道教发展史上画下了浓墨重彩的一笔。同时它也是中国书法发展的重要标志,唐代文学处于黄金时代,这些铭文则是唐代书法的范本,代表了当时书法的至臻境界,收录在《金石萃编》第五十三章中。老君堂可能建于唐太宗在位年间。后来,唐高宗和他的宠妃武则天也来过这儿,之后还有六位皇帝[②]也先后来此祭祀。圣贤老子家姓为李,与唐朝统治者的姓氏相同,所以唐朝皇帝们自然希望尊崇其思想门派,当时道教中心就在泰山山脚的岱岳观。传说武则天曾在此竖立一块石碑用以

---

① 一说二十四则。——译者注
② 原文如此,据记载来到泰山祭祀并留下碑文的有六帝一后。——译者注

还愿。

　　王母池位于老君堂以东,是桃花溪的一部分,往路旁再走一段距离就可以看到流淌而过的溪水。据说,神秘莫测的王母娘娘原住在西边万里之外的昆仑山瑶池,曾在此地梳妆打扮。《水经注》有录,西王母一直以来是特别庇护皇后的神仙,因此古代皇室香客常在此澄静的水边焚香顶礼。皇室随行队伍中,有许多诗人在王母池西岸的岩石和王母庙的庙墙上留下了诗篇。隋朝李谔有文,在一定程度上证明了传说的真实性。

　　吕祖洞洞穴较为宽敞,位于王母池边。相传,这是仙人吕洞宾的住所之一,他曾在此炼制长生不老药。吕洞宾是八仙中最著名的仙人之一,在唐代得道成仙。他生于天宝十四年(755年),仕途失意,后隐居庐山。而后他遇到了八仙之首钟离权,钟劝吕随自己远游,走出山林,向世人传播道教教义。此后,他乔装为卖油翁,四处游历,寻找不谋私利的顾客。他以卖油为名,试探客人,如果买家不要求多添油,吕洞宾就度化他。同时,他还随身携带宝剑,以便斩恶龙。游历途中,他来到岳阳(即泰山以南,并非今湖南岳阳)。史书并未明确记载他是否真的到过吕祖洞。即便如此,泰山当地道教传统认为他确实来过此地,并且将炼丹升仙之秘诀藏匿于此。他在五十岁成仙。吕洞宾的传说还有另一个版本,传说他本是唐朝宗室,姓李,但武则天为了称帝,大肆屠杀李氏宗室,他也在西边深受迫害,携妻逃入此洞，在此隐居。他和妻子各占一口，两口即为"吕"，此后在当地也渐渐有了名声。然而，将此洞与吕洞宾挂钩并非古即有之。7世纪，唐代老君堂的双束碑将此地称为"发生洞"，宋代钱伯言所撰之书将其称为"金母洞"。由此可见，"吕祖洞"的叫法出现的年代相对较晚。洞中现有一座吕祖石像，碑文刻于万历四十三年（1615年）。王母庙后还有一座供奉吕祖的塔。《泰山志》有录，该塔建于嘉庆二年（1797年）。①理发行业对这些神龛尤其感兴趣，因为吕洞宾是理发祖师，理发业者尊奉其为保护神。

蹚过小溪，东边更远处的小丘上就坐落着东眼光殿②，与西眼光殿遥相呼应。东眼光殿和西眼光殿所在的小丘脚下，分别有东眼光泉和西眼光泉。与极顶有神奇疗愈效果的玉女池一样，若用泉水掬水洗涤、沐浴，人们便能治愈眼疾。③东眼光殿的泉边，也有一个洞穴流传着关于吕洞宾的传说，此洞便是"虬仙洞"。相传，有一条善良的龙常在吕祖的题诗前俯身，有一天受到吕洞宾的笔触点化，突然长出了角和翅膀，即刻便飞走了，再也没有返回。也许东北方向名为回龙峪的小山谷，其充满诗情画意

---

① 原文参见《泰山志》第五卷，第22页；《英国皇家亚洲学会会刊》第四十九卷，第53页，关于"道教中的八仙"。
② 已毁。——译者注
③ 原文参见切柏所著《泰山》，第55页。

的名字,便来源于吕洞宾的某个信徒在梦中又一次见到这条龙腾飞的景象。另一个与仙人传说相关的地方是王母池北边的岩石,其素有小蓬莱之称。传说,蓬莱位于东海海域极远端,岛上生长着长生不老的植物,吕洞宾和八仙中的其他七位神仙,曾在那里聚首。

尽管泰安及其周边地区共有十六座关帝庙,但泰山的关帝庙才是主祀关羽之地。走过南天门,就能看到这座关帝庙上庙。关帝庙是为了祭祀一位来自山西的猛士而建的。此处也是山西人民聚集之地,所以也叫山西会馆,此处的山西人大多是在春香时节到来之际,希望在这一特殊时令赚取巨额利润的客商。因此出于利益,他们需要修缮这座庙,使其不至于破败,并出资扶持庙里的僧侣。关羽是三国时期(3世纪)一位勇猛的将领,现今被尊称为武圣关公。他一生忠于汉室、忠于蜀国,换句话说,他忠于蜀汉的开国皇帝刘备。同时,对于三国时期的其他两个政权:曹魏和东吴,属关羽最桀骜不驯,故被视为劲敌。建安二十四年(219年),在他对抗魏国统治者曹操的战役中,东吴将领吕蒙切断了他的退路,使其腹背受敌,最终关羽在湖北襄阳被吕蒙所俘并被斩去头颅,其首级被送往曹操所在之处。后来,这位中原西部猛将的传说日益深入人心,最终为了顺应民意,后代帝王屡次褒封,万历二十二年(1594年)明神宗晋封关羽为"武圣",与"文圣"孔子齐名。但光绪三十二年(1906年),慈禧太后认为"孔子至圣，德配天地，万世师表，允宜升为大祀，以昭隆重"。于是，按照清朝规制，孔子的祭礼得到了与祭天、祭地、祭太庙、祭土地社稷同等的地位。自此，文官的守护神成了第一等神；而武将的守护神仅屈居第三等，地位与东岳大帝、北斗真君、药王、火神、灶神等神仙相当。尽管如此，主祀关羽的庙宇繁多，这表明关羽在百姓心中的地位不逊于任何神祇，可能部分原因在于他的庙前经常举行庆典和节日活动。而泰山的关帝庙中，就有一个宽敞的戏台，每当有特殊的节日，戏班子就可以在这里演戏。人们还特意定制了一尊关公的可移动小型塑像，每当有演出，人们就将它抬出大殿放在观众之中最显眼的位置，这样关公也能欣赏自己在三国时期战场前线奋勇杀敌的光辉事迹。康熙二十三年（1684年），康熙皇帝登临泰山时，下令修缮这座庙宇。乾隆十三年（1748年），康熙皇帝之孙乾隆皇帝来此还愿，也在泰山诸多庙宇留下了题名，并在关帝庙献上了一块木质匾额，上面写着"神威巨镇"四个大字，赞美关公为神武之灵，伟大山主。乾隆皇帝的匾额通常平挂在壁龛上最醒目的位置，取至高无上之义，其钤印居于正中偏上大字之间，而其他皇帝，如康熙、雍正等的钤印一般印在侧翼，单凭这一点就可以区分乾隆和其他皇帝所献的匾额。当然，匾额上的字是皇帝亲笔御书的拓本。关帝庙对面有憩亭和露井。中国的庙宇几乎都有类似的圣水井，否则就会显得不合理。

到达一天门，举头便可看见这座石制拱门的前方有一段缓缓上升的石阶，至此我们才算真正开始攀登泰山，拱门以下的所有部分都只能视为山脚。登顶半程是位于二虎庙旁的中天门，登山终点则是位于龙峪的陡峭峡谷之上在天际线便可望见的红色塔楼——南天门。"天"这个词有许多解释。切柏（Albert Tschepe）表示，在普通百姓眼中，如果顺利完成从泰山山脚至极顶的这段朝山进香之路，那么他们便能得到梦寐以求的福祉，同时这样也算提前享受了天庭之乐；而对于通过这种艰辛的方式积德的道士来说，"天"即是最好的回馈。对于学识渊博的中国人来说，天门只不过是这座山峰雄伟高度的象征。一天门的历史可以追溯到明朝成化初年（1465年）。《泰山道里记》有录"康熙

一天门

五十六年巡抚李树德重建"①。

一天门北,有一处石坊额题为五个汉字:"孔子登临处",这表明孔子曾登上此处并眺望四周。当地人有这样的说法:孔子曾在此停下脚步歇息,他向南方平原望去,感慨故土渺小。《孟子·尽心上》中有这样一段话:"孔子登东山而小鲁,登泰山而小天下。故观于海者难为水,游于圣人之门者难为言。"②现在,理雅各(James Legge)这样过于热心的评论家却费心附加了脚注,反而有损于这一特定地标的传奇色彩,他在脚注中写道:"东山位于鲁国都城以东。有些人将其错以为曲阜一个名为防的小土丘,孔子的父母便葬于防山脚下;另一些人则错以为东山是位于费县的蒙山。"孟子的第二句话显然指的是孔子造访泰山,那时他不仅感叹国土(即当时"天下"的含义)渺小,而且还具备敏锐的视力,能够看到"吴阊③门外有系白马"。④同时,普罗大众在登泰山时,可以一边听着这个脍炙人口的儒家故事,一边跟随着古代圣人的脚步,沿着尘土覆盖的石阶稳步攀登。学界指出,当时并没有修缮良好的石阶供孔子攀登,这些石阶是在近代才有的,由家底丰

---

① 原文参见切柏所著《泰山》,第58页;《泰山道里记》第十六章。
② 原文参见英国汉学家理雅各所译《四书》(英文版),第339页内容及注释。
③ 今苏州。——译者注
④ 见第31页插图及第123—125页内容。

厚的道教信徒和想要积德的地方官员赞助修建而成。1923年，泰安的一位热心老妇出资，在西谷登山路线上增设了一系列新石阶。

《孔子圣迹图·望吴门马》

第三章

桃花峪

周颂·时迈①

时迈其邦,昊天其子之,实右序有周。

薄言震之,莫不震叠。

怀柔百神,及河乔岳,允王维后。

……

---

① 节选自《诗经》中《周颂·时迈》一诗,作于约公元前1134年,相传为周公所写,歌颂武王祭祀苍天和山川诸神的乐歌。——译者注

桃花峪

红门宫是泰山佛教僧侣主要宗派的门户。值得注意的是，这里主祀近代起源的道教女神——"泰山娘娘"碧霞元君。元君庙共有三处，红门宫是中庙，上庙是位于泰山极顶的著名的碧霞祠，下庙是靠近蒿里山和泰安车站的灵应宫。灵应宫中有一尊精

铜亭，位于泰安西郊元君庙下庙灵应宫

美的铜鎏金碧霞元君像,与之相关联的是九莲菩萨孝定皇太后(卒于1614年)和智上菩萨孝纯皇太后(卒于约1610年)两位菩萨。这尊铜鎏金碧霞元君像同样可以追溯到明神宗在位年间,据说当时明神宗为元君在泰山极顶建了一座庙宇,借此虔诚行为,希望能使孝定皇太后免遭失明之苦。随后,碧霞元君和两位皇太后的青铜像被移至这座新的灵应宫。

这座约于天启六年(1626年)由僧兴旺拓建的红门宫是元君信仰的中庙。① 按照惯例,大殿里供奉着碧霞元君像。沙畹评论道,这位女神是位年轻女性,穿着华丽,但是比起王室贵族,她更像是身着节日盛装的农妇。她的左右伴有两位女神:眼王奶奶(又称眼光娘娘,负责治愈各种眼疾)和子孙娘娘(又称送子观音,是掌管生育的女神)。据说,触碰眼王奶奶的塑像比较灵验,而拴娃娃时抱取泥娃娃并向子孙

红门宫前泰山之景

---

① 原文参见《泰山道里记》,第十六章,但其描述的似乎是后文的且止亭。——译者注

娘娘呈上"喜钱",则有助于人们如愿生儿育女,家族中求子的期望便常寄托于子孙娘娘。春香共持续三个月,这段时间对于僧侣来说都很繁忙,但是农历正月初六是个特殊的日子,每到这天红门宫便会举办庙会,举行佛法庆典仪式。

佛殿全名为弥勒院,位于主祀碧霞元君的红门宫对面。弥勒佛常被称为"笑口佛",走进任何文玩店都可以看到小尊弥勒佛像仿品。弥勒院正殿一处古色古香的壁龛中就放置了一尊木雕弥勒佛,也由同一处的佛教僧侣管理。弥勒佛性情友善快活,乐善好施,因此他乐于关注香客的物质需求。此处有一间漂亮的茶室,配有长阳台,凌空于桃花峪之上,为登山者提供舒适的观景位置。举头仰望,泰山山峰险峻;低头俯瞰,鲁地山谷壮美,此等美景吸引了皇帝和古代圣贤。清朝康熙皇帝对此心满意足,下令建造了这座矗立在道路之上的红门坊,并题上"瞻岩初步"四个大字。据古书记载,这里曾是皇室官宦模仿孔子驻足休息之处,因此这间院子古称更衣亭,皇室达官贵人在这里脱去丝绸衣裳和袍子,为后面更艰难的攀登过程做准备。外国游客通常会效仿过去的行为,也在佛殿"更衣"。两座庙宇之间还有另一个石牌坊,也就是天阶坊,它由明朝巡按高应芳于嘉靖四十四年(1565年)建立。走过红门宫,路西侧有一座建于雍正三年(1725年)的小亭——合云亭,其诗意的名字是由雍正的儿子乾隆所赐,乾隆与他的父亲和祖父一样,喜欢这个可以"瞻岩"的地方,而这里也常常隐藏于"合云"之中。寺庙群中的另一座建筑是且止亭,于天启六年(1626年)由僧兴旺拓建。

观音阁紧邻红门宫,是一座宏伟的红色塔楼,象征着红门石。红门石为小径西侧的陡峭悬崖,是泰山砾岩地层中最早形成的几道岩墙之一,构成了沿途的天然门户。再往前走几里路,我们会经过一个被称为天关的关口,并在攀登最后一段路前经过大龙口。这个地区可以追溯到亚洲最早的地质年代,即前寒武纪(Pre-Cambrian),卡内基中国地质考察队(Carnegie Expedition on Geological Research in China)的成员威理士(Bailey Willis)对此处进行过专题研究,他表示我们在这里看到的只是仅存的山体形态,它曾经与亚拉拉特山(Ararat)①和西奈山(Sinai)②一样,因其未知年代和雄伟体量而受到尊崇。"山顶呈宽大的新月形,月牙的两端朝向南方。北坡陡峭,嶙峋的山脊如飞檐般向外延伸。南侧内部呈新月形,是为深邃的峡谷,其顶端深入山腹之间,夹着尖锐狭窄的山脊。新月形的山顶上有着极深的裂缝。整个山体已风化成一堵墙,顶部有高峰,就像城堡废墟中的塔楼一样。"③现在,香客只能想象眼前这个毁于一旦的伟大"城堡"曾

---

① 传说中的挪亚方舟就停在此处。——译者注
② 摩西接受十诫的地方。——译者注
③ 原文参见《在中国的研究》(*Research in China*),载于《卡内基考察报告》(*Carnegie Expedition Report*),第77页。

经是什么样。因为远在尧舜时代之前，曾经覆盖山体的外部地层和大片森林在自然的侵蚀和风化的作用下，已经逐渐消失得无影无踪。向这座象征着泰山红门石的观音阁内部望去，我们发现了另一位佛教神祇，即观世音菩萨，又称南海大士。这尊观世音菩萨像并无特殊之处，当地香客似乎也忽视了它，他们更青睐稍下方红门宫主祀的碧霞元君，元君信仰在当地影响力更大。然而，乾隆却给此处赐了一块匾额，悬挂于菩萨像上方，上面赫然写着"普门圆应"（1748年），意为"在这儿所有祈祷均可应验"。这座塔楼以前被称为飞云阁。

穿过红门塔，就能见到美丽的柏树沿着道路延伸开来。树林中还有一些其他树种，包括槐树、杜松和银杏。另外，这里还有矮栎树，其棕色的叶子冬天也不掉落，可以用来制作一种被称为"山绸"的特殊粗糙丝绸①；而矮栎树的果实则可用作染料。此外，矮栎树的枝条上经常附着槲寄生②。在这些山坡上可以采集药用草本植物，其中最重要的是山金车。东北方向有一个名为黑石埠的小土丘。穿过桃花峪，还能看到一个更高的突起，其名别具一格——白骡塚。这里流传着一个不同寻常的故事，据中世纪③

---

① 原文如此，其叶用来喂养蚕，再将蚕吐的丝织成山绸。——译者注
② 原文参见法思远所著《山东：中国圣省》，第55页。
③ 西方称中国汉朝到元朝时期为中世纪（medieval）。——译者注

编年史记载，开元十四年（726年），武则天之孙唐玄宗李隆基计划遵循古制，亲自前往东岳泰山进行封禅大典。益州（位于山东南部）太守进献了一匹非常强壮的白骡，为天子登临泰山之用。尽管先贤们曾谴责秦始皇焚书坑儒，称其乘马车登山是一种不敬的行为，但他们对于用这头骡子载皇帝登山却没有异议。毫无疑问，当时并没有石阶，只有一条简陋的上山小道，而玄宗上下山都由这匹了不起的骡子负责，一路上安然无事。然而，下山途经这处东边的高地时，皇帝下骡稍事休息，却发生了不幸之事。随从们赶忙上前禀告皇帝这匹强壮的白骡无疾而毙。玄宗确信它一定是某种神灵，尤为庇护唐室，于是立即追授这匹死去的骡子为"白骡将军"。他还下令制作特殊尺寸的棺材，将其厚葬于一堆山石之下。最后的安排当然是出于特别的考虑，因为泰山的石头能够抵御一切妖魔鬼怪。"泰山石敢当"的字样如今在中国随处可见，很多立于街道险要处的石碑都有这样的刻字，用来表达"这是来自泰山的石头，敢于抵御邪恶"的意思。

大藏岭是位于道路西侧的山脊，承载着与帝王相关的传说，能与泰山东坡相媲美。相传，北宋大中祥符元年（1008年），人们在此处发现了第二本神奇的"天书"，这一年乃是奇迹之年（*anno mirabilis*）[①]，而天书的出现为是年之盛。宋真宗赵恒登基时，第

[①] *anno mirabilis* 是一个拉丁语短语，意思是"奇迹之年"，通常用来描述某一年中发生了许多非凡的、重大的事件或成就。——译者注

观音阁下的红门坊

鼓楼和碧霞祠

一本"天书"神降都城（今河南开封），当时有黄帛曳于左承天门。天书诏示其统治祥瑞，于是真宗将此神迹昭告四方，并大赦天下。三个月后，兖州（包括泰山所在地界）的1287名乡村长老受到动员，诣阙请真宗赴东岳亲自祭天、封禅，以答谢天书。与上一任皇帝宋太宗一样，宋真宗因国事繁忙且自觉德行不足以执行这样的仪式，便推辞了他们的请求，结果长老们虽满载赏赐钱帛而归，却未能达成此行的目的。不久之后，又有846名进士请求宋真宗封禅。后来，各方人士相继赶赴朝廷表达请愿，包括将军校尉、知州、道士、和尚及其他长老，拢共24370人。民意如此，皇帝如有千斤重负，受到佞臣王钦若的蛊惑，皇帝下诏任命王钦若与赵安仁为封禅经度制置使，负责各项安排，而皇帝将在十月亲临泰山。然而，为了"鼓舞"这位糊涂的君王，灵界又赐予了比上一次更伟大的奇迹：第二本"天书"在六月降临到东岳圣山的大藏岭，这表明泰山对于宋真宗的确大有祥瑞。最终，受到委派的一行人在大藏岭找到了这本天书，并通过王钦若呈给了皇帝，此举赢得了真宗欢心。大中祥符元年，他完成了泰山之行，沿途留下了大量碑文石刻，赞颂泰山山神赐予天书的伟大恩惠。其中有两处石碑分别位于泰安城南门外和泰山脚下的青帝观内。①与此同时，为纪念这一事件而修建的建筑还有天贶殿、一处庙宇

---

① 原文参见法国汉学家沙畹所著《泰山》，第329页和第344页。

之敢外人烏棠曰陛孔景公尊
其國臣未知罪也子等在齊景
若君君之明也孔於夷景公
義何非所敢然子造階公讓
敏也知聽也以違是將登
君以重德夫夫子

《孔子圣迹图·景公尊让》

和西郊河畔的一座塔。大中祥符四年（1011年），宋真宗下诏将农历六月初六定为天贶节。

穿过柏树林，在另一段路的尽头就能看到万仙楼，这是一座类似于红门塔的建筑，旁边还有三官庙的遗址。万仙楼原名望仙楼，建于万历四十八年（1620年），比红门建筑群早了数年。过去，万仙楼有双层门楼，一层供奉碧霞元君，另一层供奉西王母。如今，万仙楼似乎只剩下供奉西王母的一座庙宇。原本此处还有描绘道教神祇的壁画，包括福禄寿三星和八仙，但经过现代翻修后，壁画的内容也不复存在了。① 乾隆十三年（1748年），乾隆皇帝曾在此悬挂了一块匾额以纪念元君，上书"景会群真"。塔下的通道被称为隐真洞，但是现在，游客们觉得称其为"乞丐洞"似乎更为合适。昔日，万仙楼是诸位神仙的盛居，是道家隐者的静室，可是到了20世纪，它顶多算是多个行乞人家的简陋住处，还是由道士们"出租"给他们暂时落脚的。他们的领地在磐路边，界线以石堆仔细标示出，凡超出界线就不得向虔诚的香客"乞讨钱财"。九个月的淡季中，这些乞丐靠着住处旁的小片耕地过活。但即使他们前去耕作，暂时未在路边行乞，他们还是会在路边留下篮子，让路人留下一些钱。他们常常对朝山香客呼喊："尊敬的老爷，您行善祭拜泰山奶奶，赏我们些钱吧。"而香客下

---

① 原文参见切柏所著《泰山》，第63页，关于这座塔上的早期庙宇。

山时，乞丐们则是另一种请求："老爷，您祭拜完泰山奶奶，交了好运，赏我们些钱吧。"

斗母宫坐落在人们所称"磐路第二段"的尽头。第一段共四里路，止于一天门；第二段共五里路，止于斗母宫边的高老桥。对距离的描述言过其实，代表了轿夫在攀登过程中消耗的"力"。

桃花峪远眺泰山

西郊所见泰安城之景

泰安城西郊望泰山全貌

该庙宇也呈现出佛教的影响。斗母元君（又称斗姆元君）为典型的印度教形象，置于玻璃覆盖的红色壁龛中，显得雍容华贵。斗母元君有众多特征，最具代表性的就是其镀金手臂，左右两侧各二十四只。她头戴金冠，冠中有众多人像。共有二十位侍从排列于神龛两侧的墙壁上，代表二十星宿。后殿祀观世音菩萨，即我们在红门见到的慈悲女神。此处观世音菩萨的形象更为庄严，身边还供奉着碧霞元君和从祀子孙娘娘。在下面的弥勒院里，我们还能看见弥勒佛，弥勒佛再一次与该处尼姑掌管的茶室联系在一起。值得注意的是，学者们敬祀北斗众星之母——斗母元君，以期她能向她的儿子说情。正是这位神祇帮助学子们通过科举考试，从而获得帽上的"顶子"①。斗母元君所认为的有德之人，将获得休声美誉、金银财宝和南山之寿，死后也受人景仰。斗母宫建于嘉靖二十一年（1542年），由待遇仅低皇帝一等的德藩所建。光绪三十二年（1906年）曾颁布一项法令，将尼姑们逐出此地，但民国时期她们又回来了。建筑所在之地古称龙泉观，该名源自其路西边一泓名为龙泉的泉水。

  古代曾有个学习黄老之学的人住在这条溪边，他家姓为高，故命名此桥为高老桥。这座横跨龙溪的桥帮助香客渡过险途，因

---

  ① "顶子"是指官员帽子上的顶珠，象征着官位的等级和身份。——译者注

此，曾怀着虔诚之心出资修缮该桥的副使高捷也积累了功德。于是，这里曾为他立过一个荣誉牌坊。龙泉水流经高老桥，与东边桃花峪的水汇合。除前文提及的各种树木外，谷中果树密布，有桃树，还有杏树、山楂树和竹子。切柏神父这样说道："溪流飞溅、瀑布低语、鸟鸣婉转、微风轻拂、竹林摇曳，许多香客在此驻足，感叹自然之美。"这里是诗人们寄情山水的好地方，清代杜澳就是其中一位。他写道：

樱桃生涧底，石上多古苔。
山下花已落，山头花未开。

下游西岸曾设有一座风景如画、茅草覆盖的亭子，是顺治皇帝下旨修建的蕴亭，供疲惫的诗人和农民憩息。但后来已逐渐荒废，以至坍圮。道路的地势从高老桥陡然升高，绕着云头埠的山坡向前延伸开来。

三官庙供奉三官大帝：天官、地官和水官。这座庙宇位于云头埠的山坡上，原先是为祭祀秦始皇嬴政。秦始皇卒于在位的第三十七年（公元前210年），他生前整顿风俗，倡导"行同伦"，下令焚书坑儒，修建长城。人们特别尊崇秦始皇，于是为他建了这座庙宇，并将他尊奉为人祖。这个尊称与中国古代史学家司马迁记录的一则预言有关。①秦始皇三十六年（公元前211年），朝上有预言称"今年祖龙死"。人们立即认为这条预言与秦始皇相关，因为龙在中国是权力的象征，而"祖"更是指"人之先也"。因此，秦始皇去世后，人们便为他建造了庙宇，供奉其为人祖。然而，秦朝统治时间短暂，很快就被蒸蒸日上的汉朝取代，汉朝"罢黜百家，独尊儒术"，于是1世纪，所有前朝遗留下来用以纪念秦始皇的地方都被彻底摧毁。取而代之的是道教的三官大帝，于是先前的人祖殿改为了三官庙。天师张鲁深谙道教教义，负责将当时的三官阐述为一种体系。几百年后，三官信仰发生了重大变革，按时间顺序分为正月十三至十五祭拜的上元天官②、七月十三至十五祭拜的中元地官和十月十三至十五祭拜的下元水官。

  水帘洞位于名为水帘崖的瀑布对面，是个略带诗意的名字，只是用来指代道路与山谷东侧交汇处附近的区域，并没有其他特殊含义。再往前走，能看见住水流桥；在此眺望远方，可以看见泰山山峰壮丽的全景。当溪水泛滥，瀑布的水雾洒在悬崖上时，就能体现出这个充满诗情画意的名字恰如其分。但在冬季，旅行者们却会失望，因为这里只剩下光秃秃的巨石，没有奔流的溪

---

① 原文参见司马迁所著《史记》（法文版）第二卷，第184页。
② 原文如此，实际上元只在正月十五这一天祭拜，中元与下元也是这样。——译者注

水。再前面的小桥是登仙桥。东边是被称为鹁鸽崖的天然石壁。路边有一个地方刻有"歇马崖"三个字,名字来源于其显著的突起和结构,动物能够在这种结构下躲避风雨。然而,当地人称此地为三字崖,相传住在王母池旁吕公洞里的吕洞宾在此处写下自己的名字,书曰"向有墨书三画,风雨不灭,传为吕仙迹,故又名三字崖"。由于他习惯腾云驾雾,可能并未将此地当作一般的马厩,"歇马崖"这个名字可能是后人在理性时代所取的。此处的道路有一段是穿过柏树的阴凉小径,于是这段山路被形象地称为"柏树洞"。

经石峪位于水帘洞以东,在住水流桥附近,与主山谷之间形成一条岔路。在一块超过一亩的岩石表面,雕刻了佛教经典《金刚经》中的文字,每个字占一平方尺[①],刻字年代可以追溯到6世纪的北齐武平年间,但是由于水蚀作用,这些刻字现在已严重磨损。据古籍记载,这些刻字可能出自王子椿之手,他在汶水南边的徂徕山上以类似字体刻过经文。书法家孙克宏根据一些可信度稍欠缺的证据,将这些刻字归为韦子琛之作。[②]岩石下方的一段文字来自某位不知名但非常热心的儒学学者,他增补了四书之一《大学》的选段。字体表明这段文字刻于明代,是

---

① 尺,长度单位,10寸等于1尺,10尺等于1丈。1市尺合1/3米。——编者注

② 原文参见《泰山道里记》,第十六章。

水帘洞附近

十二磐和二虎庙

后来才添加到已有的佛教经文刻石上的，时间相对较晚。在经石峪附近矗立着高山流水亭，由明代都察院右金都御史万恭于隆庆六年（1572年）建造。他还在沿途的几个地方留下了诗句。"试剑石"也位于此地。传说这块石头上的深裂缝是用一把仙剑劈开的，这把仙剑可能是著名的吕洞宾之剑。据说吕洞宾曾拿着这把类似于"王者之剑"（Excalibur）①的神剑周游世界，斩杀恶龙。

壶天阁于乾隆十二年（1747年）由乾隆皇帝修建，是一座宏伟的门楼，标志着名为"天关"的天然屏障。在此之前，这里有一座建于16世纪的升仙阁。现在的名字"壶天"寓意着天穹如同一个巨大的茶壶倒扣在山峰之上。壶天阁后方矗立着两座庙宇。较大的一座是元君殿。碧霞元君在此处又一次出现在香客面前，她的发型引人注目，头顶三只展翅的鸟，手持红、绿、金三色的圭，身旁有四位随从，各自持有绿、白两色的圭。乾隆皇帝于乾隆十三年（1748年）悬挂了一块牌匾，上书"琼霄珠照"。另一座庙是玉皇庙，里面有一尊制作粗糙、色调暗淡的雕像，难以客观地表现这位在现代道教神系中升为六御之首并救助过无数生灵的天神。西边不远处是倚山亭。再往前走几步，经过茶馆后，在一段长长的陡峭台阶的脚下，矗立着刻有"回马岭"字样的石牌

---

① 亚瑟王传说中的神剑。——译者注

登山路上所见到的万仙楼

坊。虽然传说中唐玄宗骑的白骡等一些坐骑曾通过这险峻的天关,但普通的马匹无法继续攀登这些蜿蜒的台阶。按照习俗,乡绅会在此牌坊下马,然后继续徒步攀登。攀登者此处面临的悬崖峭壁,在书中多有记述。此处的磐路位于十峰岭的侧面,而西侧是九峰山的岩壁。与回马岭牌坊相接的是瑞仙岩。

在小径的"之"字形转角处,我们见到了这座药王殿。清朝时期规定,药王在道教神系中位列第三,这位神祇在北方受到广泛尊崇。旧时编写的旅行指南称此地为金星亭,20世纪以来,此处才开始祀药王。邻近的庙宇供奉的是三大士,即佛教信仰中的三位菩萨:文殊菩萨、观世音菩萨和普贤菩萨。三位菩萨分别在山西五台山、浙江普陀山和四川峨眉山有专门的道场。其中最为人所熟知的是观世音菩萨,人们称其为南海大士。其他两位在当地分别被称为文殊和普贤。①除此之外,道路上再没有其他建筑,于是旅行者便专注于稳步攀登,直至二天门半山亭。攀登过程中,亭子几乎在人的正上方,可见路段极其险峻。此处的台阶被称为十二磐,几乎和靠近山顶的十八磐一样让人望而生畏。

---

① 原文参见英国汉学家沃纳(E. T. C. Werner)所著《中国的神话与传说》(*Myths and Legends of China*),第十章;海耶斯(L. N. Hayes),载于《英国皇家亚洲学会会刊》,1924年,第103页。

第四章

快活山

西山[①]

[唐]常建[②]

一身为轻舟,落日西山际。

常随去帆影,远接长天势。

物象归馀清,林峦分夕丽。

亭亭碧流暗,日入孤霞继。

渚日远阴映,湖云尚明霁。

林昏楚色来,岸远荆门闭。

至夜转清迥,萧萧北风厉。

沙边雁鹭泊,宿处蒹葭蔽。

圆月逗前浦,孤琴又摇曳。

泠然夜遂深,白露沾人袂。

---

① 作于约720年。
② 隐居诗人。

快活山

途经二天门时,登山路程已过半。中国人是这样测算距离的:二天门距离岱宗坊有二十四里,之后便是长达十七里通往南天门的路。因此,这是个宜人的地方,香客总是会在此驻足小憩,享用点心,恢复体力。二天门俯瞰着山路起伏,眺望着向南延伸至汶水的鲁地。二天门所在的山脊是黄岘岭,其上以西

半山亭所见泰山风光

的位置曾经矗立着灵官庙,现在已经坍圮,再不见踪影。道路北侧有一座破旧的庙宇——二虎庙,也被称为黑虎庙。其墙后有一块大岩石,形如伏虎,故名为"虎伏石"。从二天门往前,有一段向下的磐路,共下降了三次,所以就称为"倒三磐",再往后路一直延伸开来,沿途风景宜人,这段坦途便是快活三

里。东侧是树林阴翳的快活山，上有玉液泉。左侧是深谷，黄西河流经深谷。往西望去，远处便是外国人夏季的住处。二天门往后大约一里，游客们便跨过了这段路的第一座桥梁——跨虹桥。

二天门（近二虎庙）

增福庙位于跨虹桥旁，祀东岳的一位小神。在泰山的众神中，有两位神祇分别掌管凡人福祉的盈余和亏缺，它们便是东岳的增福神和略福神。快活三里旁的小溪谷就适合瞻拜增福神。从增福庙开始,后面的小路缓缓上升,每处转角都有大量石刻。泰山有很多地方能唤起诗情,激发

桃花峪

诗人在石头上镌刻诗文,抒发情感,快活三里便是一处。许多岩石上或刻有"佛"字,或盛赞泰山为"天下第一名山"或"天左一柱"。还有一些石刻告知香客们可于此间山水洗净心灵。顺着道路继续走,我们跨过回龙桥,桥下小龙峪水潺潺流淌。这里有一块神秘的龙文石,其文理盘旋若龙,虔诚香客多驻足瞻拜。前方的雪花桥下流淌着护驾泉。泉水穿桥而过,流经百丈崖(又称飞瀑崖)。对面有一座山,其山体形成了黄西河上峡谷的西坡,"以叠嶂横抵谷口",人们因此给它起了个贴切的名字——拦住山。此山有一处被称为弄月岩的险崖,崖顶是古老的半山亭遗址。碑文显示其由著名的秦朝左丞相李斯建于公元前3世纪。因此,要佐证公元前就有泰山封禅祭典大礼,这些石头便是最重要且最真实的文献证据之一。留存下来的一些两千多年前的石刻在明代才被人发现,但由于香客经常拓印,它们也遭受了严重的损毁。参阅《泰山小史》,可以找到关于半山亭的

记载。①明代诗人米万钟也曾为此地作诗。穿过快活三里进入上方的峡谷之前，西边天际线上的山峰也值得一看，它们是拦住山的延续部分。从北到南依次是：君子峰、卧马峰、三尖峰，最后是一道绵延的山脊，其末端以傲来山收尾。法思远指出，虽然泰山的主峰更高大、更神圣，但从美学角度来看，西南部的山脊因为地形更加复杂多变，反而更具有观赏价值，更加吸引人。君子峰是一块卓立于上桃峪中的圆锥形岩石。接下来是形状较长的卧马峰，一头指向南方，形似卧马。对于外国游客来说，它更多是因为南面半山腰的悬崖九女寨而闻名。此寨是一处独特的遗址，在一块平坦的岩石上，有一个小型高地。只有通过一条狭窄地带的羊肠小道，穿过一处逼仄狭长的地域才能到达。这个小型高地上留存着九座石屋和一道防护墙的遗迹。连接狭窄地带的入口处有一条小护城河，主门前有吊桥的遗迹，这似乎表明此处曾有一个坚不可摧的堡垒。根据写于6世纪的史书记载："昔有九女避兵于此。"堡垒内的一座孤坟使泰山这群无畏的女战士的故事更加引人入胜。堡垒西侧便是一个深渊，对面是三尖峰，西方人称其为乔治·华盛顿峰（George Washington Peak），因为它形似这位先生侧脸的轮廓。从南侧铁路仰望傲来山的悬崖，人们便能领会其名极为贴切，西方人也因其独特的形状，将其称为倒扇山（Inverted

---

① 原文参见《泰山志》第六卷，第2页。

Fan Mountain）。

黄西河蜿蜒流过这片风景如画的岩峰，水流抵达扇子山后，从一道巨大的泰山片麻岩岩坝上倾泻而下，在下方汇聚成深潭，被称为"黑龙潭"，而这陡峭的悬崖则被称作"百丈崖"。今年①，人们在此处峭壁的边缘修建了一座优雅的月牙形三孔石拱桥，西溪谷两侧的道路上也都增设了通向扇子山深处元始庙的石阶。这座桥便是长寿桥，它与此处的石阶路都是由兖州（位于山东南部）镇守张培荣的夫人侯氏出资建造的，侯氏的家乡就在黑龙潭附近。当地道教信徒表示，香客的进香之路由于侯氏的善举而大受裨益，她也因此功德无量。有了这座桥，信徒能够更便利地到达元始庙，此处供奉着能够为泰安平原带来雨水和其他福祉的伟大神祇。

百丈崖脚下有一座古老的石亭，亭上青苔丛生，上面的石刻描述了此处瀑布。再往前走几步，便是渊济公祠，旁边还有一家茶馆。如果选择走泰山进香之路的次路段，那么香客就要经过这些地点，还要在西溪峡谷口处渡过河流，然后驻足，旁边就能看到神奇的馍馍石。从西边登泰山的道路，就由这块高约1.8米的岩石镇守，它形似馍馍，硕大无比，正是因为具备这种上天赋予的特质，来往香客在上面贴满了符箓。

---

① 1924年，即原书写作时间。——译者注

主路通往拦住山旁狭窄的峡谷，路旁便是下一个重要的地点——御帐坪，跨过雪花桥之前，就能看到这个地方。雪花桥由木头制成，俗称榆木桥，很容易就能与其他桥梁区分开。飞瀑从御帐坪上奔涌而过，落入桥下的一个小水洼。虽然只有夏季的水量才足以形成湍急壮观的瀑布，但是在其充分展现美感时，观者便会理解为何岩石上刻着如此多的诗句。桥的一端有一处供人歇脚的石亭，名为"观瀑亭"，诗人们便在亭柱上题诗。御帐坪也有其历史意义，宋真宗因为收有"天书"，便在北宋大中祥符元年（1008年）来到泰山举行封禅大典，行进过程中，他下令在此驻跸，并让宰相王钦若为他设帐过夜。那晚，他享受了宫廷乐师的演出，并接待了从附近的兖州府前来祝贺他向泰山善灵还愿有成的居民。直到今日，御帐坪上仍存有石窍，这便是当年扎营留下的痕迹。乍一看，游客可能会觉得再往上走几步，那片松林覆盖的更广阔的高地更适合搭帐。但若考虑历史情况，就知道在那片高地搭帐是行不通的。千年以前，焚书坑儒的秦始皇曾在此处的松树下避雨，这些松树也因此染上了恶名。宋真宗一向循规蹈矩、墨守成规，于是他便不得不在低矮狭窄的石面上安营。但宋真宗忠诚的史官们还是将其与秦始皇所遇天气做了对比，用以厚宋真宗而薄秦始皇。在他们的记载中，宋真宗善良，来此便是日丽风和；而秦始皇暴戾，便在此遭风遇雨。万历三十一年（1603年），天降异象，为宋真宗搭帐之处

磐路上的一位进香老妪

朝山进香的标志——龙头登山杖

快活三里和黄岘岭

快活三里处古代诗人、帝王所留石刻

登山伊始——带上被褥和备用鞋靴

五大夫松坊

增添了传奇色彩：一块飞石从山顶飞至此处，此石便是"飞来石"。钟、神像、树木和岩石常被赋予翅膀，虔诚的人相信它们具有神力。泰山脚下的西王母庙门旁就有一棵"飞来柏"，柏顶寄生一株桧，根深叶茂，形态完美。

上文提到的松树便是五大夫松①。此处陡峭的台阶隶属三蹬崖，台阶通向一座石拱门，被称为小天门或诚意门。20世纪左右，有些不熟悉此地真正历史的人在拱门上刻下了"五松"字样，然而其正确名称是五大夫松②。泰山相关的传说中，当属五大夫松的故事最为真实。秦始皇取代周朝君主登基后，决定按旧有传统封禅泰山，确立皇权。古代的尧、舜、夏禹、商汤和周成王都曾向上苍宣告王朝更迭。然而，想要夺权篡位之人和地位低于天子的诸侯，从不敢僭越这一帝王特权——封禅。但是周朝末期天下混乱，人们曾遵守的秩序发生了天翻地覆的变化，孔子也曾感叹季氏身为大夫却前往泰山祭祀，实在是有辱泰山之名，书曰："季氏旅于泰山。子谓冉有曰：'女弗能救与？'对曰：'不能。'子曰：'呜呼！曾谓泰山不如林放乎？'"齐相管仲曾劝谏齐桓公（泰山在齐国疆域内），称他不应该擅自举行泰山封禅大典，这

---

① 原文将五大夫松译为"The Pine Tree of Fifth Degree"，可能是作者对秦时爵位不理解所致，当时官爵共有二十级，五大夫是第九级，并非原文的第五级。——译者注

② 原文参见司马迁所著《史记》（法文版）第二卷，第140页。

种仪式是七十二天子的特权,曰:"古者封泰山禅梁父者七十二家……皆受命然后得封禅。"自管仲发表这一名垂青史的言论以来,史学家和政治家花费了大量时间和精力来确定这最受上苍青睐的"七十二家"究竟是哪些人,以及泰山封禅最古老、最不可或缺的仪式有哪些。然而,刚刚登基的秦始皇却对这些传统礼节不屑一顾。他命令左丞相李斯安排一次巡守,前往泰山和岱南梁父山分别举行封(报天)、禅(报地)仪式。李斯提前召集了齐鲁七十位最著名的儒生、学者,与他们商讨封禅的一贯礼仪,并在山脚下为秦始皇准备了盛大的欢迎仪式。李斯为此撰写了一篇辞藻华美的颂文。秦始皇后来召集这些博学的儒生、学者,听取他们关于仪式所作讨论的结果,儒生、学者们引经据典,从古籍中摘选出详细内容递送给秦始皇,诸儒生或议曰:"古者封禅为蒲车,恶伤山之土石草木;埽地而祭,席用菹秸,言其易遵也。"然而,我们都知道,秦始皇最不屑于经典,于是对七十位学者的建议不予听从,表现在两个方面:其一,他因无法乘坐皇家马车接近泰山而心怀觖望;据说,东岳泰山神圣的山石绝不容受到人造车辆的车轮亵渎。其二,封禅仪式须从简,应扫地而祭,在地面铺上茅草席子,再在其上放置些简单的祭祀用具,最后谦卑地跪在圣地之上,向上天宣布登上皇位。秦始皇性情乖戾,听罢便勃然大怒,认为这些简朴的仪式与其皇家巡守不相称,于是下令罢黜这些儒生、学者。他下令准备马车,决定乘车从泰山阳坡登至山顶,随行侍从紧随其后,好不风光。据文献记载,那七十位儒生、学者站于路旁,对这位失敬的君主指指点点。历史学家称,到达泰山极顶后,秦始皇进行了祭祀,并对仪式严格保密,至少他没有将使用恰当的席子和祭祀器具的有关事宜告诉他们。封禅完毕,他便开始下山,途中山雨倾泻而下,他不得不在一棵松树下避雨。大雨过后,他加封这棵松树为五大夫,于是它便得名"五大夫松"。此举也是为了讥讽山下那些先前被罢黜的儒生、学者。当然,他在圣山上的不敬行为,只会让那些学者更为光火。鉴于嬴政尊松树而背礼仪,学者们后来郑重其事地指出了这一事件的寓意:秦始皇觊觎王位,僭越既定礼仪,这场暴雨实际上便是他的天谴。他们认为秦始皇作为一国之君缺乏基本的美德,德不配位。这个观点影响深远,以至于后来宋真宗在登泰山时,也有意避开了这棵五大夫松的影响。

五大夫松旁的茶园

朝阳洞旧名云阳洞，刻有"云根"两个大字，意在告诉人们：泰山这些洞穴自古以来就被视为云、雾的居所，而它们能够赐雨，于是农民们对其进行雩祭，以祈甘霖。有关东岳传说的道书中就有这些云雾发源地的详细记载，书中认为云从云阳洞涌出，然后向南飞越鲁国大地。不仅如此，地震也被认为源于泰山下的"龙脉"，据说这条龙脉从东北延伸到吴国之外的南海。[①]唐代以来，人们便对这些理论尤为赞叹，可以在中国书籍中找到证据，很多书都记载了皇帝、治国之才和农民百姓的殷殷祈盼，恳求泰山的恩惠。人们旱时求甘霖，涝时求雨霁，或地震时求神怜悯君王百姓。大历三年（768年）六月，唐代宗李豫即位后第五年向五岳、四渎的神祇求情，因为"五岳四渎，神明所居，风雨是主"。另一个例子是景泰三年（1452年），黄河流域发大水，皇帝遣太子太保兼都察院左都御史王文祇捧香帛，以太牢致祭曰："兹者河流泛滥，自济宁州以南，至于淮北，民居农亩，皆被垫溺，所在救死不赡，朕实伤切于怀。夫朕敷政以惠民，神出泉以泽物，皆上帝所命。今泉流溢于淮泗，灾害及于公私，伊谁之责？固朕不德所致，神亦岂能独辞？必使泉出得宜，民以为利，而不以为患，然后各得其职，仰无所负，而俯无所愧。专候感通，以慰悬

---

① 原文参见《泰山志》第十九卷。——译者注

切。谨告。"成化二十一年（1485年）①，大地震侵袭国土，皇帝遣山东巡抚盛颙祭告泰山，告文曰："……乃今岁二三月间，震动数次。意者人事不修不齐，渎神弗安弗宁……望乔岳以虔祈，冀鉴临而奠位。助司元化，诞福斯人……"圣山之中的众多云洞和常年涌动的泉水使人们很自然地将这些自然现象归于泰山神灵的影响。②

云阳洞前有一座废弃的庙宇，祀碧霞元君。元君实际上已经取代了古老的男性神灵，成为农民的守护神。在丰收之年或大旱之年，她在泰山的庙宇会迎来大量香客瞻拜，数量比起其他年份

---

① 此处原文为成化二十二年（1486年），但实际上应为成化二十一年（1485年）。——译者注
② 原文参见《泰山志》第十九卷；沙畹所著《泰山》第四章。

有大幅增长。乾隆皇帝顺应民间信仰，奉上了盖有钤印的祈愿匾额，上书"灵府慈光"。他还在悬崖上刻字赞颂此处，碑以崖名，是为"万丈碑"。

乾隆皇帝的碑文刻在一块高地的悬崖之上，悬崖俯瞰整个朝阳的山谷。由于刻字时有意抹去了岩石表面的风化层，所以其表面呈浅灰色，在周围较暗的岩石中格外显眼，在泰安城，甚至更远的鲁国平原都清晰可见。其名"万丈"，名字饱含诗意，意指其有万丈之高（当然有夸大的成分）。汉语中的"万"比英语中的"ten thousand"更为模糊，因而"万"也可表达无数、无穷之意。因此，我们当然不会期望远处的万仙楼真的住着一万个神仙，准确说，没人能够算清究竟有多少个神仙居于此楼。所以，此处用"万丈"来形容这个碑，既便于发音，又意指其高度之高，难以测量。在西方人看来，泰山上各个地点的高度，点与点之间的距离，在中国人的度量下，都有些不精确，但据史书记载几乎各个朝代都尝试测量泰山的高度、周长。道教书籍，如《福地记》中就有记载，曰"泰山洞天，周回三千里，鬼神之府"。其中有三十六仙洞。唐代作者更多记录现实，比如《唐六典》中就提到泰山"周百六十里[①]，高四十余里"。更为严谨的估测是明代万历年间编著的《五典》："明万历间参政张五典者，尝立一

---

① 此处原文为六十里，与文献相悖，译文中已更正。——译者注

法量之。其法用竖竿一，长一丈，刻以尺寸，竿端置一环；用横竿一，长亦一丈，中置一环；两端皆五尺，取其轻重相称。以绳系于横竿之环，而又穿于竖竿之环，牵其绳之尾，则横竿可上可下，而不失其平。于是以竖竿所立之处，视横竿所至之处，则五尺为一步矣，此以量其远近也；每量一步，若在平地，则横竿由端以至竖竿前后，俱著于地；若前高而后下，则横竿前著于地，而后悬于空，视竿所悬处至地尺寸若干，此以量其高下也。又备一册，每页画三百六十格，每量一步则填一格，平地则于格内填一平字。其高尺寸若干，亦于格内注之。填尽一页，则足三百六十步，为一里。其高则累尺寸而计之不爽也。由山下至绝顶；凡量四千三百八十四步，而纡回曲折皆在其中。高三百八十六丈九尺一寸，中除倒盘低十八丈五尺七寸抵高数外，实高三百六十八丈三尺四寸，折步七百三十六步六分八厘。平、高共积五千一百二十步有奇，实一十四里零八十余步耳。"因此，张五典所测泰山高度约为1227.8米，而里奇瑟芬男爵于1886年也进行过测量，得出泰山海拔约1524米，与泰安城的相对高度约为1310.64米。①费理饬（Fritsche）测量得出泰山海拔为1545米，绝对高度约为1544.99米。②1545米可能是最

---

① 原文参见《泰山志》第一卷；法思远所著《山东：中国圣省》，第57页。

② 原文参见德国天文学家费理饬所著《山东地理观测资料表》（*Tables d'observations geographiques de Chan-tong*）。

准确的（火车站的标牌显示其基底海拔为148米）。因此，我们得出结论：考虑到道书《福地记》中"三千里"的说法，以及古代测量师将横竿间距和竖竿高度都包含在内的测量方式，"万丈碑"之名是纵情诗意而来的推断就有理可依了。因此在这种情况下，万丈碑可能指的是其离泰安城门约为一万丈①之远。除了其高度，我们还应该注意到这个悬崖上每个大字都占大约1平方米。

万丈碑

对松山位于乾隆皇帝碑文之上，是香客攀登至此正面所见的山峰。这座山海拔在914米到1219米之间，覆盖着大量松树。对

---

① 丈，长度单位，10尺等于1丈，1市丈约合3.33米。——编者注

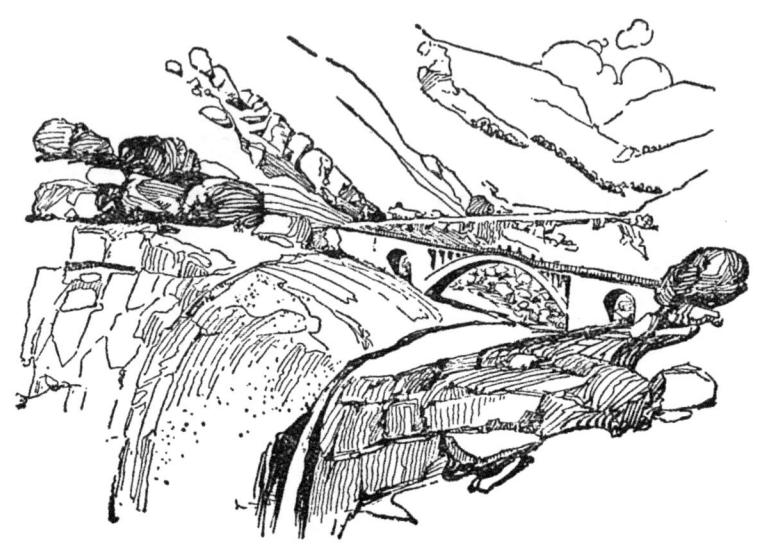

黑龙潭处的桥与瀑布——黄西河峡谷

松山又叫"万松山"。同样，泰山后山的后石坞中，也生长着相当数量的松树。大约18世纪，嘉庆皇帝下令在进香之路上种了约两万两千棵松树，但由于连年干旱，其中许多已经枯死。曾住在泰山附近的史密森学会（Smithsonian Institution）的专家梅耶（F. N. Meyer）称，早先，这座山完全由森林覆盖，其中就有松树、梣树和椴树。在孔子所处的时代之前，泰山附近的徂徕山、新甫山，就早已有"徂徕之松，新甫之柏"覆盖其上。① 对松山一侧有一个名为"白云洞"的洞穴，与朝阳洞一样，自古以来也与求雨

---

① 原文参见英国汉学家理雅各所译《诗经》(英文版)。

有关。对此,"春秋三传"之一《公羊传·僖公三十一年》①有录:"触石而出,肤寸而合,不崇朝而遍雨乎天下者,惟泰山尔。"这句话写的就是此地。对松山之上的山脊是莲花峰。据说,它的轮廓如同盛放莲花的五片花瓣。从东边流下的一条溪流被称为双叉沟,其岸边靠近大碑处是老人寨。13世纪,一位名叫刘郎然的学者隐居于此修道。传说他在其宽敞却布满岩石的隐居之所授课,能够同时教授二十个求道之人。双叉沟上游有一座可能与这位道士的道法相关的庙宇——梦仙庙。

---

① 此处原文有误,僖公在位三十三年,不可能存在原文所述"僖公三十四年"(the thirty-fourth year of Duke Hsi)。——译者注

第五章

在天门前

游龙门奉先寺

[唐] 杜甫[①]

已从招提游,更宿招提境。

阴壑生虚籁[②],月林散清影。

天阙象纬逼,云卧衣裳冷。

欲觉闻晨钟,令人发深省。

---

① 杜甫(712—770年),诗圣。
② 一作灵籁。——译者注

在天门前

艰难爬过一段陡峭的石阶后,我们便来到磐路上一段较为平坦的地方。磐路右边有一块巨石,形似一个姿态毕恭毕敬的人拱立在路边恭候皇家马车,这块石头便是"望驾石"。一路上我们还途经几处古殿旧址,分别是憩客亭、驻跸亭、单仙亭、凌虚阁和振衣亭,这些建筑如今都已坍圮。同样,处士松也早已杳无踪影,它曾傲然屹立于路旁,与秦始皇休憩之处的大量松树形成鲜明对比。那棵五大夫松让人时刻想起秦始皇,而处士松在此,昂然挺立,香客视其为一种符号,象征着即便皇权至高无上也无法镇压学问知识。路西有一碣,便是处士松曾矗立的地方。明代金事方元焕于嘉靖三十一年(1552年)在碣上题刻"处士松"三字,涂泽民于嘉靖四十一年(1562年)题刻"独立大夫"四字。①

---

① 此处原文有误,《泰山道里记》中有录:"洞北一松,独挺山崖,曰处士松。有明方元焕题识,涂泽民碣曰'独立大夫'。""题识"即为题字之意,而涂泽民系方元焕同期朝廷官员;此处题字时间存疑。——译者注

万历三十一年（1603年），山洪暴发，这棵古树被冲走。这段路上重要的地标不多，还值得一提的便是圣水桥，乾隆皇帝曾为其题字。

龙门坊往后，便是整个攀爬过程中最为险峻的道路。经过一处名为大龙口的天然门户后，一段蜿蜒的石阶映入眼帘。据说其蜿蜒之形就像龙的身体内部构造。这处石阶有时也被称为环道，

大龙口

或石壁峪。大龙口的入口处旧有一座龙王庙，祀掌管所有水域的龙王。然而讽刺的是，洪水将其远远地卷至下游的黄西河谷中。由于靠近河床，路上的石阶也常被冲毁，因此清朝时期的地方官员不得不经常进行修缮。但民国以来，再没有人费心筹集资金维护这条道路。龙门坊之后，便是隆庆四年（1570年）由参政吕坤修筑的度天桥。①泰山主峰的一个支脉，形成了地质学家所说的新月形的西南端，当地人称之为"翔凤岭"。龙峪东面的峭壁是飞龙岩，上面曾有一座于16世纪弘治年间由明孝宗修建的庙宇。

泰山极顶赫赫有名，光彩夺目，如此响亮的名头给了疲惫不堪的香客继续攀登、积功攒德、求得福报的勇气。最后一段路差不多有一千级台阶，中途几乎没有任何喘息之机。这段路分为两小段：第一小段是慢十八磐，一路要扶着翔凤岭西边的峭壁而上；接下来穿过升仙坊，再路过两三处供人休憩的凉亭，便来到了第二小段——快十八磐（又称紧十八）。切柏神父有言："在此行不到三四步，就得喘息片刻，不得不尔，否则便是气喘如牛。早先，我还对本地旅行手册将信将疑，但切身体会后，才明白其所言不虚。"此处难以攀登，甚至连轿夫们也要在快十八磐前长时间驻足，以保持精力。石阶两侧是崖壁，道路两侧隔一段便立有铁

---

① 此处原文时间为1570年，但实际上是隆庆四年，并非万历年间。——译者注

十八磐和南天门

柱，两两之间拴上沉重的铁链。这样，头晕目眩、体力不支的攀登者，尤其是来此攀登的缠足老妇，就能依靠着恢复体力。升仙坊附近有一座名为寿星亭的小神龛，里面有主管福寿绵长的仙女之像，这是一座较为现代的建筑，上有雍正年间的题词。

熬完这段路，南天门便在眼前了，这座红色塔楼即为攀登的终点，走过它便到了山顶平台。南天门坐落在飞龙岩与翔凤岭之间的低坳处（或称鞍部），极为醒目，远远的在南边的平原地带便能望见。它可能是极顶之上最著名的地标。这座建筑下方是洞穴般的通道，上方是一座庙宇建筑，结构类似于万仙楼。南天门（又称三天门）不像一天门和二天门，它并没有石拱门（类似于凯旋门的结构）。其上有一阁，可以通过登北边的两组台阶到达，此阁名字独特，称"摩空阁"，引人联想。自舜、禹攀登泰山封禅以来，人们便有了这样的普遍观点：泰山接近天空，所以是吉祥宝地。从下面的龙峪仰头看，这座红色建筑确实可以说是顶着蓝色的天穹。一个皇家的传说也与此地有关：宋代以前，可能是唐代道教鼎盛时期，老子的一位弟子在此建了三灵侯祠，供奉三

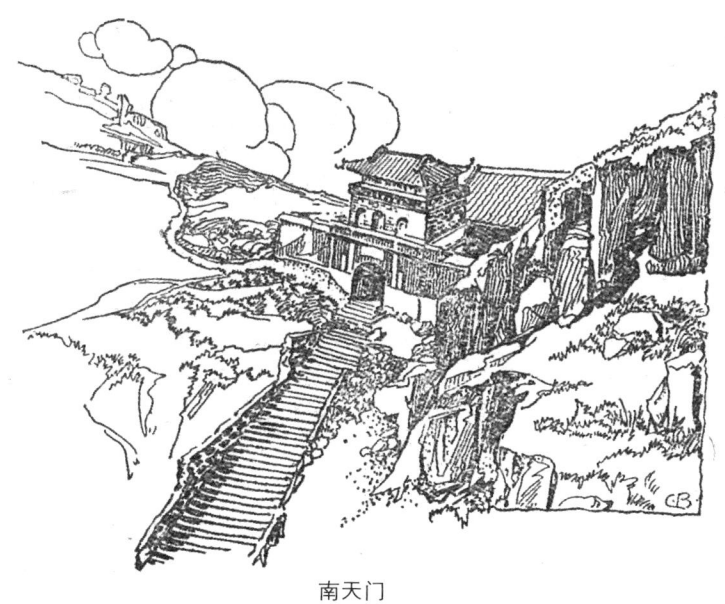

南天门

灵侯。大中祥符元年（1008年），心怀虔诚却轻信谗言的宋真宗来此朝拜。他在庙中过夜，梦见三位自称周朝官员的贤士，他们声称前来拜见一位真正贤明的君主。醒来后，皇帝将他的梦告诉了王钦若和其他大臣，询问这三位神人在凡间是何身份。手下告诉他，这三位神人是周朝的三位正直通理的谏官，早在一千年前被流放，名字分别为唐宸、葛雍、周武。由于治国才能出众，人们奉他们为三灵侯。虔诚的宋真宗像约瑟（Joesph）时代的法老（Pharaoh）一样，奖励了他的大臣，并下令在泰山北坡的凤凰山上为这三位神人建造一座新的庙宇，以示其更深的敬意。如今，这座建筑和那三位神人一样已经消失不见。

关帝庙是一座最近才修复的庙宇，祀著名神祇关公。关羽在世时是山西人，乃蜀汉大将。古时候，这座庙位于北面的凤凰山山顶，但在约大中祥符元年（1008年），宋真宗下令将其迁至山中深处。当然，作为"武圣之庙"，关帝庙选择这样的位置也是有所考虑的，从这儿可以俯瞰陡峭的龙门坊后的五里路和北面的山谷，可见地理位置优越，有独到的战略意义。中国的军事策略强调把守关隘的重要性，关羽生前保卫蜀国疆域，为蜀汉立下汗马功劳，我们从这位三国时期的大将身上也可以学到这一军事策略。乾隆皇帝曾拜访此庙，并赐有一块匾额挂于此处，上书"乾坤正气"。关羽身上便有这种"正气"，是为一代楷模。除了用南天门和三灵侯祠指代这个地方，人们偶尔还称这片区域为御座和行宫。这两个名字意指古时候的一种传统，即不同皇帝来到泰山极顶时，可把此处的一些建筑当作临时住所。如今，门前总有一些简陋的茶馆，因此现在的旅行者也效仿古代君主，在此停留并稍做休息。

月观峰为关帝庙西侧的那处高地，它是泰山西端的最高点，与东端的日观峰遥相呼应。其边缘有一个天然门户——西天门。月观峰附近是秦观峰。然而，在孔子所处的年代，秦国位于西边（即今陕西），距离此处有数百英里①。这么远的距离，显然不可能观秦，即便观到应该也是在脑海中所为。因此，取"秦观峰"之名，或许是为了与东边的周观峰和吴观峰相呼应。汉代文人将月观峰称为泰山。另外，根据一些权威说法，这里是汉武帝于元封元年（公元前110年）封禅之处。

关帝庙往后，道路急转向东，随着飞龙岩曲折蜿蜒向前。路两侧便是天街，沿途有民居、旅店，此处是一片山顶村落，总共约有三十座简陋的建筑。建筑顶部用茅草铺成，并用石头压住，以抵御从北面袭来的狂风。村子里唯一值得关注的地标是道路北侧的一座小型老子神龛。约天宝九年（约750年），苏源明在此隐居。他信奉道教，便在这儿研习道教经典。天街村落东端附近有一座著名古堂的旧址：五贤堂，祀五位儒学学者，分别是孟子、

---

① 英里，英美制长度单位，1英里合1.6093千米。——编者注

荀子、扬雄、王通和韩愈。乾隆四十二年（1777年）[①]，乾隆皇帝最后一次登泰山时，官员们在苏源明的住所附近为他建造了一座行宫，起名为云巢。云巢西侧是万福泉，北侧是凤凰山和其他一些历史遗址。北天门也在其北侧，穿过这个天然通道便能发现一条小径，缘径下山，面向的是济南和黄河的方向。由于进香之路位于南侧，因此只有少数香客穿越这个万壑千岩、人烟稀少的地区。然而，沿着北面的山谷往下走几里，能够到达一处饶有风趣的地方：后石坞。在嘉庆皇帝下旨栽种的美丽松树林中，有一座元君庙。庙中有一个名为"蔚然阁"的房间，里面便是元君墓。这与道教传统教义不太相符，因为道教信徒通常认为碧霞元君从未死去，而是得道归真。相反，对于一些人来说，找到她的遗骸还是很有意义的。

天街庐北侧的山脊上有一条由几座稍小的山峰形成的天际线，这几座山自西向东分别是周观峰、围屏峰、虎头峰、老鸦峰、丈人峰。周朝都城位于今河南洛阳，与上文提到的秦国一样，距离这里几百里之遥，因此无法在此看见。然而，东岳山明水秀、灵力十足，孔子曾在离此不远的周观峰上望见苏州城外的白马，孔子的事迹是泰山之上遥望远处的先例。围屏峰

[①] 此处与史料记载有出入，比如，据《泰山道里记》记载："迤北为行宫，乾隆十二年建，有御书'云巢'额，今圮。"——译者注

天街庐与泰山极顶的庙宇

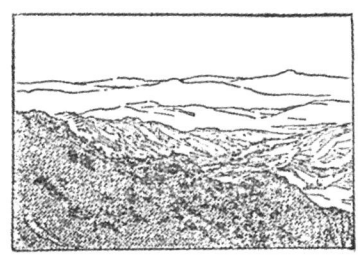
泰山后石坞附近遥望黄河

碧霞祠

则没有这般浪漫的色彩了，仅仅是小村庄屋舍后的保护屏障。虎头峰和老鸦峰则是因形似老虎与乌鸦而得名。虎头峰之上，曾经矗立着两座佛教寺庙：万寿殿和御香殿，它们建于明朝衰落时期，当时的道教神祇似乎无力抵御满族军队的攻势。崇祯十四年（1641年），即最后一个由汉族建立的封建王朝陷落的三年前，一尊特别精美的智上菩萨像以及钟铃等供品曾献入殿中。但这一切都无济于事,因为印度神祇甚至比本土相应的神祇帮助更小。当清朝入主中原后,宗教信仰便不再围绕虎头峰上新建的佛教寺庙,而是重回东岳大帝和碧霞元君两位正统的道教神祇身上。

泰山极顶有一处石刻,曰"丈人峰",此处还有始建于15世纪的玉皇庙。按照传统,古代皇帝封禅堆土设坛之处共有三个位置,丈人峰便是其中之一,另外两处分别是位于山顶东缘的日观峰和位于西缘的月观峰。《岱览》有言:"俗称外舅曰泰山、曰丈人,本诸此。" 8世纪及之前,泰山也得此名,原因是国土范围内的其他山峰形成年份都晚于泰山,它们因此都被视为女婿。位于河南的中岳嵩山更为崇高[1];位于陕西的西岳华山在古代也受到崇拜。南岳衡山和北岳恒山也都有各自的山岳崇拜和特有属性。但东岳泰山享有特别尊贵的地位,也有司掌死后魂灵的职能,因此,人们自古就来到泰山请愿祈福,并赋予其崇高的称号。此举从舜、禹到孔子的时代就已开始,代代绵延不绝。

唐朝时期以及后世的文献记载当中,泰山始终是"群岳之长"。[2]8世纪段成式撰写了《酉阳杂俎》,其中便可找到一明证,

---

[1] 原文用词为loftier,意为高耸,但嵩山海拔并不如泰山高,因此译者认为此处与嵩山的古称"嵩高、崇高"有关,并非字面意思的"海拔高"。——译者注

[2] 原文参见唐仲冕所著《岱览》第五卷,第24页。

书中记载了开元十三年（725年）唐玄宗封禅的事迹，书曰："明皇封禅泰山，张说为封禅使。说女婿郑镒，本九品官。旧例，封禅后自三公以下，皆迁转一级。惟郑镒因说骤迁五品，兼赐绯服。因大脯次，玄宗见镒官位腾跃，怪而问之，镒无词以对。黄幡绰曰：'此泰山之力也。'"最后这句话一语双关，一方面可能意味着郑镒因在泰山祭祀而得到了好运，另一方面也可能暗示他因"泰山"（即他丈人）的恩惠而升迁。因此，郑镒这一事件证明了"泰山"和"丈人"这两个词可以互换使用。文学作品中，"泰山"还有另一种用法，即用作表达死亡的委婉语，学者们常用"上泰山"来指代行将就木，这是因为泰山与丰都冥司息息相关，人死后要到这里接受审判。

爱身崖（左），碧霞祠（右），亦见汶水

第六章

威镇东方

鲁颂·閟宫①

……

秋而载尝,夏而楅衡。

白牡骍刚,牺尊将将。

毛炰胾羹,笾豆大房。

万舞洋洋,孝孙有庆。

……

泰山岩岩,鲁邦所詹。

奄有龟蒙,遂荒大东。

至于海邦,淮夷来同。

莫不率从,鲁侯之功。

---

① 节选自《诗经》中《鲁颂·閟宫》一诗,作于鲁僖公时期(公元前659—公元前627年)。——译者注

威镇东方

天街东端有一段阶梯通向泰山极顶的主要庙宇——碧霞祠（又称碧霞元君宫）。丈人峰附近有不少宫观庙宇，而碧霞元君宫则是其中规模最大、最为豪华的一座。自建成以来，庙宇维护良好，最后一次修缮是在光绪三十三年（1907年）。如果想进前院，

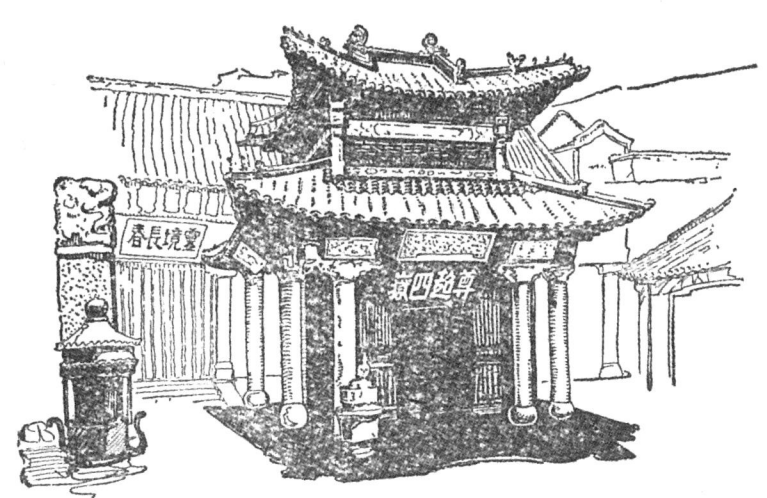

碧霞元君亭

就要往西走一段路，从一座建于顺治十八年（1661年）的巨大石坊进入。下院南侧有一个戏台，东西两侧分别是鼓楼和钟楼。碧霞元君宫的南门（即正门）之内曾经矗立着金阙。金阙内曾有一座铜鎏金碧霞元君像，为明神宗朱翊钧御赐，他希望借此慷慨之举，祈求女神能祛皇太后的眼疾。百年之后，此处发生严重火灾，庙堂也因此重修，元君像和金阙一起移至靠近火车站的灵应宫。①寺庙之外，南面有一座坚固的砖石塔，名为火池，人们在此焚烧大量纸锭、纸钱，作为献给元君的祭品。

孔子庙（前），北斗台，以及碧霞祠（右）

进入元君宫上院，各种宗教神龛映入眼帘。中央有一座漂亮的香亭，亭顶覆盖着双层黄色琉璃瓦，这种特殊规制的瓦片是皇帝御赐的。亭门敞开，向里望去可以看到元君身着华丽的丝绸，端坐于富丽堂皇的壁龛之中。院内随处可见不时敲打着祭台上的金属钵并请求香客捐款的道士。虔诚的香客，尤其是那些身患病痛或遭受旱灾的许愿者，在此趋而三叩，以示对这位守护神灵最大的敬意。神像上方有一块

---

① 原文参见《泰山志》第五卷，第34—36页。

匾额，写着"感福应庇"。

亭子北面是至圣之处，即正殿，以铜瓦覆盖其顶，如遇强风，普通材质的屋顶很可能被风扯裂，而铜瓦就有着更好的抗风作用。正殿巨大的殿门一般不开，门上了闩，只有紧贴着门缝才能窥见殿内。矩形的地面上铺满了

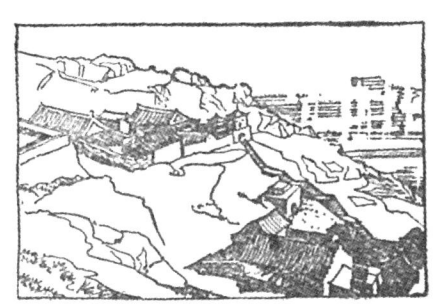

从孔子庙后看到的碧霞祠景象

万历四十三年（1615年）所立铜碑——记载碧霞祠重修之事

供品，可达几英寸①深。每年春天，香客们都会带着各式各样的贡品前来，如糕点、泥偶、铜钱和女鞋。他们试图将这些供品扔进上了闩的门。如果供品顺利穿过门缝进入殿内，元君就会接受供奉，并给相应的香客送去好运；但如果它们落在外面的门廊上，结果则相反。昏暗的房间里，我们可以看到红色宝座上的大型元君雕像。她的头后有一个独特的照妖镜装饰，用来驱赶妖魔鬼怪，她头戴中国女性常戴的流苏头饰，手持象征权威的圭，两侧各站着一位侍从，一位持有她的印章，另一位手捧一卷诏书。配祀的是与元君信仰相关的两位女神：眼王奶奶和子孙娘娘。

正殿左右两侧便是眼王奶奶和子孙娘娘的配殿，她们合称为眼王子孙二神母。前者十分灵验，能治愈眼疾，触其塑像再擦拭自身双目便为良法，而那些希望延续家族男性血脉的人，会在西侧偏殿的子孙娘娘脚下放置男婴玩偶。东西两侧庙宇的瓦片都是用铁冶炼而成。最有趣的历史遗迹是矗立在高台上的两座青铜碑。它们的形状似石碑，上下都配有龙的装饰，高度约为4.2米，做工精湛。近年来，香客刮取金属碎片做护身符，或用硬币在表面摩擦以吸取金属本身的某些功效，碑的下半部分已难以辨认。青铜碑已毁于乾隆五年（1740年）的一场大火之中，当时这里的建筑被完全烧毁。东铜碑（又称天仙金阙铜碑）是为纪念金阙重

---

① 英寸，英美制长度单位，1英寸合2.54厘米。——编者注

建而立的，上面的时间为万历四十三年（1615年）；西铜碑（又称泰山灵佑宫铜碑）上的时间则是天启五年（1625年）。明神宗特别信奉碧霞元君，他曾献上一尊青铜像，原先就立于此地。明神宗的母亲是虔诚的孝定皇太后，于万历四十二年（1614年）去世，去世之前她还派遣特使，到这个神殿祈求明神宗将皇位传给她的一个皇孙，就像明神宗曾祈求女神恢复她的视力一样。因此，明神宗（年号万历）与长孙明熹宗朱由校（年号天启）的两则碑文，无不昭示着他们感念泰山女神的恩泽。[①]

  碧霞元君信仰是近代才有的事，最早可以溯至宋真宗于泰山遇到诸多异事之时，之后这种独特的信仰便开始兴盛。然而，今之信众多将祈愿寄望于元君，而非东岳男性神祇。这位年轻的中国女神所处的宏伟殿宇，与其后方上古神灵的破败小殿形成鲜明对比。唐诗中隐约提及此地与一位女性神灵有关。李白（701—762年）和刘禹锡（772—842年）在诗中赞咏五位玉女，其中一位便是碧霞元君。注疏者称这位玉女为传说中黄帝时代的人，来到东岳后化为仙女。有人言其为黄帝所遣之玉女，据记载："黄帝建岱岳观时，曾经预先派遣七位女子，云冠羽衣，前往泰山以迎西昆真人，玉女乃七女中的修道得仙者。"很多传说故事都描写了这位玉女在山间的仙踪，堆秀岩（位于稍西南处）即为其一常驻之

[①] 原文参见《泰山志》第五卷，第15页。

地，另一处则位于济南南面的一座小山。①

然而历史上，人们真正信奉这位东岳女神始于北宋大中祥符元年（1008年），当时在现今寺庙西墙外的玉女池中发现了一尊古老的石像，此后元君信仰便深入民心。据说这尊石像是汉代所制，唐代时落入水中，当时的诗人也在写诗赞颂玉女。石像落水后，便不见了踪影，直到"奇迹之年"，才有人将其从池中打捞出来呈给宋真宗。相传池中之水顷刻间就变得甘甜可口。宋真宗见此神迹，深受震撼，即刻命人以真玉重塑此像，并将其安置在名为昭真观的庙宇中，位置就在她显现的水边。明朝洪武年间（1368—1398年），昭真观得以扩建，更名为灵应宫；万历年间，又改称碧霞灵佑宫。从此玉女被神化为碧霞元君，就如同象征着天空之神的"上帝"，对于诗意盎然的中国人而言，鲜艳的云霞代表着那位居住在东岳极顶、将甘霖恩泽洒向干涸大地的仙女。

碧霞元君与东岳大帝之间的确切关系，即便是精通道教神谱之人，也未能得出定论。但毫无疑问，元君是东岳大帝宫廷中的重要一员，因为不少城市都筑有东岳庙，而人们总是能在庙中一角发现这位女神。沙畹指出，北京朝阳门外那座东岳庙，并非主祀东岳大帝之地，而是主祀元君之所。《元始天尊说东岳解冤谢罪真注》中提到了东岳及其神仙家族，称有位东岳皇后，她的第三

---

① 原文参见切柏所著《泰山》，第96—105页。

个儿子是"太子炳灵仁惠王尊神"①。而泰山脚下的岱庙（东岳庙下庙）也设有祭祀这两位神祇的庙宇，即淑明宫和炳灵宫。据说，炳灵太子的女儿，也就是东岳大帝的孙女，正是碧霞元君。（还有一些人则认为碧霞元君与东岳大帝没有任何关系。）

历代皇帝中只有少数几位的御赐匾额幸存于乾隆五年（1740年）的大火。其中一块是康熙皇帝于康熙二十三年（1684年）所赐，上书"坤元叶应"；雍正九年（1731年）也有一块御赐匾额，曰"福绥海宇"；乾隆皇帝两次赐匾，乾隆七年（1742年）曰"震维灵岳"，乾隆十三年（1748年）曰"赞化东皇"。元君宫的柱子上也有一组对联，上联"三素云英扶降节"，下联"九光霞缬丽青坛"，蕴含与佛教神话相关的典故。②

明代以来，更衣亭便是碧霞祠的配亭，但现在已没什么值得观赏的地方。昔日，数位皇帝在此处换上祭服并稍做歇息，为后续登山祭祀做准备。正统十三年（1448年），更衣亭有了更为实用的价值，成为征收香税之所，凡登泰山的香客皆需在此缴纳香税。此税延续约三百年，为泰安的官府带来丰厚收入。除更衣亭之外，岱庙旁的遥参亭，以及通往济南的北天门附近亦设有税所。即便是康熙二十三年（1684年），以香客身份到访的康熙皇帝

---

① 原文参见法国汉学家沙畹所著《泰山》，第39页。
② ［清］金棨编，陶莉、赵鹏点校：《泰山志（上）》，济南：山东人民出版社2019年版，第282页。

亦未废止香税制度，决定任其延续下去。彼时，每年都有数千名农民缴纳一贯又一贯铜钱，一年总计两万两白银。康熙五十六年（1717年）七月初三，一场大风暴摧毁此庙及通往此庙的石道，然而皇室财政并未拨款修复。反而是江南与江西两地学政募资修缮。后来，雍正皇帝下诏废除泰山三税所的冗职，禁止向供奉碧霞元君的"香客"索取钱财。①

东岳庙为东岳大帝信仰的上庙，与现已亡佚的中庙（靠近老君堂）和泰安城墙内的岱庙相对。虽然此处是祀东岳大帝的上庙，但它并非如预期般宏伟，反而是泰山极顶群庙中最为简陋的一个。庙宇荒废且乏味，除一座普通镀金东岳大帝像外，无他神像可供膜拜。然而史书记载，此庙曾为香客的圣地，直至大中祥符元年（1008年），碧霞元君的名声在民间广为流传，之后曾受皇室尊崇的古老的东岳大帝信仰便黯然失色。

东岳庙可能在唐朝（618—907年）时香火还很旺盛。宋真宗于大中祥符元年登临泰山，虽然此后对玉女显灵之事更感兴趣，但还是下令修缮东岳庙。元朝（1271—1368年）时，泰山极受景仰，因而时常对其进行维修与扩建。据石碑记载，官员张志纯负责此庙的修缮工作。明朝嘉靖皇帝于嘉靖九年（1530年）再度下令修缮。万历年间，刻有五岳真形图的石碑献予此庙，时间为甲

---

① 原文参见《泰山志》第五卷，第17—20页。

泰山极顶碧霞祠内景

寅年（1614年）。碑上有十七列碑文，称颂泰山为天子，曰："五岳之中，岱岳为其祖……生于混沌之初……""东岱岳泰山，乃天帝之孙……"碑底的五岳真形图尤为引人注目，据称其具有玄妙之力。道士们表示，若将图案复刻于金属护身符，则有避邪之用；而若镌于石，效果则与"泰山石敢当"类似，于险路之角或墙内设立，颇具威力。泰安衙门土地庙中亦有此图，其出现年份更早、图案更为简约，为明朝初年洪武十一年（1378年）所制。刻有五岳真形图的石碑遍布于中国各地。沙畹在嵩山脚下的登封县（今登封市）也发现了一块类似的石碑，并对其进行了复刻，这块石碑的制作时间（1614年）与泰山极顶发现的刻有五岳真形图的石碑相差无几。第四块乃康熙二十一年（1682年）所制，现存于陕西西安碑林，靠近著名的景教碑。[①]东岳庙新近获得的殊荣还是乾隆皇帝所赐的匾额，他于乾隆十三年（1748年）到访泰山，在岱岳多个祭祀之处赐匾额，以示其恩惠，其一曰"资始惟元"，其二曰"上摩苍昊"。

穿过东岳庙旁一个门道，便到达一处夹在庙墙与北侧峭壁之间的狭窄通道。崖面上镌刻着古老且著名的碑文。其龙首和碑座与普通碑石别无二致，然而其形状巨大，碑文以隶书所刻，每个字高达14厘米。崖面划分出方格以求字迹整齐，每个字的矩形框

---

① 原文参见《泰山志》第四卷，第4页；沙畹所著《泰山》，图55—58。

高18厘米，宽22厘米。摩崖石刻总共24列（包括标题在内），每列容纳51字。碑文高度约为9米，宽度接近4.8米。字最开始是镀金的，想必远观极具震撼力。因东岳庙当时尚未建成，故从磐路走近摩崖石刻时，并无他物遮挡视线。即便在景定元年（1260年），元代散曲家杜仁杰见此碑文时，字上仍有金屑残留。如今，虽然镀金已消失不见，但字形依旧清晰，每年皆有人来此拓印。①

摩崖石刻记载了唐玄宗于开元十四年（726年）在东岳进香、祭祀的经历，当时他在此举行封禅大典。他在铭文中详细叙述了自唐高祖以来唐朝的强盛，以及促使他在东岳封禅的原因。他在文中如此赞美泰山："《尔雅》曰：'泰山为东岳。'《周官》曰：'兖州之镇山。实惟天帝之孙，群灵之府。'其方处万物之始，故称岱焉；其位居五岳之伯，故称宗焉。自昔王者受命易姓，于是乎启天地，荐成功，序图录，纪氏号。朕统承先王，兹率厥典，实欲报玄天之眷命，为苍生之祈福。"②

遗憾的是，东岳上这最著名的石刻遭受了和元君庙一样的命运，也因火灾而受损。过往的一些香客曾在冬季在石刻底部生火，导致崖下半截剥落，所以每列最底部的六七个字较新，因为这是人们事故后重新刻上的。明代时，叶彬曾修复108个字，乾

---

① 原文参见《泰山志》第十五卷，第17页；沙畹所著《泰山》，第315页。
② 原文参见《泰山志》第十五卷，第17页。

隆年间,学者赵国麟以旧本重摹来修补刻字,完成了全部修复工作。摩崖石刻所在的峭壁有时被称为"大观峰"。

摩崖石刻旁还留存了一些年代较近的书法作品。乾隆皇帝曾将他的诗句刻于此处,其他影响力较小的诗人也纷纷效仿。摩崖石刻西侧狭小的桃花洞入口处有一个小神龛。康熙皇帝于康熙二十三年(1684年)登临泰山时,曾在此处留下石刻,上书"云峰"二字,乃其书法精品。洞内有一泓泉水。桃花洞上方两块石板悬下,十分神奇,形如屋顶,人们称其为悬鼓。

东岳庙与丈人峰顶的玉皇顶之间有一条蜿蜒小径,路上有一座名为青帝宫的小型建筑。此处的青帝像较为普通,而且也没有什么特别的历史遗迹吸引外来游客。事实上,过去此地为道教青帝信仰的中心,但其细枝末节如今已经被人们遗忘,或是与东岳信仰混淆。青帝乃威镇东方之神,主管万物生长、繁育之规律。切柏神父将其具体描述为将春天送向大地的司掌。沙畹则依照公元前在秦朝发展并形成体系的神谱,将其描述为五帝(五方天帝)之一。此处的五帝因中国古代的五行说而生:水、火、木、金、土。赫伯特·切特利(Herbert Chatley)博士将五行翻译为英文时,则采用了更符合五行具体指代对象的译法:liquid、nascent、organic、continuous、granular。他还指出,中国古代五行哲学系统的基本来源是五方,即东、西、南、北、中五个方向。根据这一天文学基础,衍生出五行、五色、五脏、五感,最终形成统辖宇宙各种功能的五帝。①

青帝似乎在这些体系产生以前就已受人信奉。史学家司马迁提到,约公元前7世纪时,秦国(今陕西一带)已有祭祀青帝的活动,公元前5世纪时,同样在秦国,黄帝和白帝信仰也出现了。②到汉代时,又出现了红帝和黑帝信仰,于是五帝的概念成形,得以与其他理论形成对照。

切柏神父认为,青帝宫相当古老。可以确定的是,宋真宗曾在大中祥符元年(1008年)在此地瞻拜,因为那年他下诏加封青帝为"广生帝君"。而刻有"加青帝懿号诏"的匾额曾立于下庙青帝庙(一说立于青帝观),但现在已不知去向。青帝原为道教神系中的真君,位列第二,居君人之上。但宋真宗将其提升为第一等级的帝君,并加封懿号"广生"。诏书写道:"青帝真君,职司煦育,道叶冲虚,赞玄化于高明,庇群生于溥率。"③

---

① 原文参见和察特利(H. Chatley)所著《古代中国的科学》(*Science in Ancient China*),载于《英国皇家亚洲学会会刊》第五十四卷,第69页。
② 原文参见司马迁所著《史记》第三卷。
③ 原文参见《泰山志》第十六卷,第6—7页。

访戴天山道士不遇

[唐]李白

犬吠水声中,桃花带露浓。

树深时见鹿,溪午不闻钟。

野竹分青霭,飞泉挂碧峰。

无人知所去,愁倚两三松。

青帝庙在明代由山东巡抚李戴负责修缮，在清代则由乾隆皇帝下旨修缮并在此赐上一块匾额，上书"慈天广佑"。庙宇东侧有一口井（一般庙里都会有水井），名为碧天泉。正门外则是独石。

寝宫，又名元君后宫，表明此院落与南侧的碧霞祠曾有历史关联。北侧正殿内有一小龛，供奉着一尊普通的碧霞元君像，配祀的还有她的侍从。但此庙的重要性如其名：此处是元君寝宫所在。卧房位于较大房间的右侧，元君便安睡于此。覆有中式帷幔的床榻占半个房间，床罩为色彩鲜艳的丝绸，上有功德主之名。她头戴镀金帽，装饰有玻璃珍珠流苏和四朵人造玫瑰花。沙畹表示，这位女神更像是身着节日盛装的农妇，而非王室贵族。

每年夏季，雨季来临以前，人们都会举行一个有趣的仪式唤醒碧霞元君。若她整年安卧不动，衣物便会腐烂，因此每年都需要"透透气"。人们选定恰当的时日，即农历四月十八，每到这一天，道士们会来此诵经、击乐，请求元君从长久的冬眠中醒来。她充分摆脱倦怠后，人们便将她请出帷幔，使其庄重地坐于茶几旁，享受风景，呼吸新鲜空气，人们会将其床铺翻新。秋季，她又会回到安睡状态。虽然一年中大部分时间她都隐藏于闲人视线之外，但据说她的袍服色彩斑斓，由蓝、绿、红布料制成，她手持一块黄色手帕，系着配有照妖镜装饰的腰带。这"节日盛装"令当地香客赏心悦目，他们认为这与曾为天界玉女的碧霞元君的庄严并不矛盾。事实上，各种长袍、耳环、手镯和发饰均为富裕的老妇人所赠,她们希望在家中事务上获得元君的"庇佑",如祈愿病愈和得男嗣。乾隆所赐匾额上书"德溥坤舆"。

第七章

两位圣贤

《孟子·公孙丑上》(节选)

子贡曰:"……自生民以来,未有夫子也。"有若曰:"岂惟民哉?麒麟之于走兽,凤凰之于飞鸟,太山之于丘垤,河海之于行潦,类也。圣人之于民,亦类也。出于其类,拔乎其萃。自生民以来,未有盛于孔子也。"

两位圣贤

　　玉帝观是泰山上最高的一座庙宇。因玉皇大帝为道教诸神的领袖，故此庙坐落于最高之处，以表尊崇。据某些碑文记载，玉皇大帝是天上众神之王。形成泰山极顶的岩石就位于此庙庭院的石制八角亭内。昔日，人们称这些极顶石为丈人峰，亦为天主峰（或天柱峰）。庙门内的墙上镌刻有"天左一柱"之字。原本玉帝观位于稍南之处，离此处几步之遥，后迁于此极顶，自此人们才开始称此处为玉皇顶。玉皇大帝作为道教至高无上的神灵，其居所是群山之巅的昆仑山。昆仑山位于天界最西端，峰顶常年云雾缭绕，神秘莫测。正因如此，让玉帝的庙宇高居泰山之巅，统御这座被西方人誉为中国奥林匹斯山（Mount Olympus）[①]的圣地，可谓恰如其分，彰显其无上威严。

---

　　① 奥林匹斯山是希腊神话中众神的居所，这里用来类比泰山在中国文化和宗教中的重要地位。——译者注

从前，位置稍低于极顶石之处的是太清宫。此宫建于明成化十九年（1483年），受明宪宗之命而建，监工为其偏宠的宦官。明宪宗如此慷慨，关心建庙之事，也有其典故，且相较于大多数泰山仙话，这个故事更为可信。成化十八年（1482年），有人发现一个不寻常的石匣，内藏16块小玉片。解开缠绕此贵重之物的金绳之后，人们惊奇地发现上面刻有近五百年前宋真宗祭祀泰山的祈祷之词，是宋真宗于东岳行封禅大典时所用。来自过去的声音让明宪宗见证了前朝对泰山所怀的虔诚之心，于是他深感敬畏，遣宦官带银两及特命前往此处重修庙宇，以示敬意。放置玉简的石函再度被埋藏，于乾隆十二年（1747年）偶然出土，经考证，确为宋真宗于大中祥符元年（1008年）所用告天之物。

现在玉皇顶庙门上的"敕修玉皇顶"是明穆宗于隆庆六年（1572年）所题。当时，皇帝命都察院右佥都御史万恭迁移原庙，并将极顶石围于庙宇建筑之内。万恭乃建新殿，又以护栏围住极顶石，后立碑以记其尽职之功。万恭以降，富有的香客多捐资修葺，故相较于破败的东岳庙，玉皇顶保存甚佳。庙中资金充裕，因此得以铺设与元君宫为同一规格的铁瓦。泰山极顶常遭大风侵袭，所以有必要铺设此类重型瓦片。

玉皇顶殿堂规模不甚宏伟，远不及元君宫宽敞。金身玉帝端坐于朱漆龛内，正对着八角"圣石"（即极顶石）。神像并非如许多远道而来的游客所想象的那样由玉石制成，而是用普通的木头雕刻并大量上色。切柏神父谨慎言之：若真用玉，恐难久存。原因是山东盗匪向来不敬神像，每逢乱世，常由北方荒野来犯圣山。事实上，泰安车站附近的蒿里山就是一处古老的据点。每每有大富大贵的一行香客来到齐鲁大地虔诚进香，盗匪们便觉得有利可图，便于蒿里山点燃烽火，聚集起来准备劫掠。幸而政府不容这种放肆的行为持续下去，亦不准许对登顶游客征收香税。

这尊小型玉帝像，手中执圭，象征着道教无上至尊的最高权威。其头戴方冕，前前后后共悬有十三条红绳，缀青红蓝珠，垂及眼角。这十三条红绳亦表明其无上至尊的地位。玉帝金身披古制飘逸长袍。面部有黑色胡须下垂，颇为逼真，以示年高德劭、德高望重。两侧摆放着侍从小像。玉帝的红色牌位置于案前，上书"玉皇上帝大天尊"。

玉帝的四位侍从为何人，还没有定论。道士们称，他们是昆仑山中天庭的张道陵、葛玄、萨守坚、许逊四大天师。沙畹著作中有他们的临摹像。四位侍从手执绿圭，而玉帝则手执金圭。东侧有一神，黑须绿袍，旁边还有一神，无须红袍。西侧又有一老神，白须褐袍，一旁也有一神，无须蓝袍。墙上原有八仙五圣共研八卦图的壁画，但现在已经不存在了，取而代之的是现代中外游客的绘画和题名，这些游客并没有意识到将其刻于名胜古迹是不伦不类、不成体统的。

殿外西壁有一石碑，碑文显示此地为"古登封台"。东壁内侧

泰山极顶庙宇概貌，远望月观峰、南天门所见

玉皇顶（泰山最高点）概貌和极顶之上的青帝宫

设有香坛,据说按照传统惯例,此处是埋藏帝王金书玉简之地,所以名为"宝藏库"。然而,据当代博学人士考证,相较于此地,极顶东端的日观峰更可能是埋藏金书玉简之地。要证明此"宝藏库"就是埋藏金书玉简之地,可以参考权威人士乔宇的记载,明武宗曾命其于正德五年(1510年)代呈祷文于泰山,关于其进香之举记载于《古今图书集成·方舆汇编》中的《山川典》。

正殿东侧的配殿有一间小茶室,在此可眺望日观峰及远方举不胜举的山峰,此处即"迎旭亭"。吃苦耐劳的香客们夜宿此地,第二天便可远观东边的山峰,欣赏日出。旭日于晨雾中冉冉升起,奇伟壮观。墙上挂着乾隆皇帝所赐匾额,描绘了他清晨沐浴后,拖着云雾般的衣袍"浴日养云"。

关于玉皇大帝信仰的起源,应再作一历史说明。现在,玉皇大帝信仰与碧霞元君信仰一样,遍及全中国。玉帝在凡间生于12世纪,原为宋朝开封府一位名医,曾为宋徽宗治愈重病。玉帝凡间姓名为张友人。①身后如金龙山隐士般,受敕封神,宋徽宗赐其"玉皇"尊号,世人遂忘其本名。后来玉皇大帝信仰在道教信众中愈发普及,于是他便登上至高无上之位。值得一提的是,基督教徒所信奉的"God",后来引入中国便采用了"上帝"的译法,然而因其包含不同的文化和宗教含义,因此并未被广泛接受。

---

① 原文参见理雅各所著《中国的宗教》(*The Religions of China*),第168页。

无字碑和通向玉皇顶的大门

无字碑是一块巨石，立于玉皇顶外平台一隅。其碑顶与碑身分离，从接地处开始丈量至碑顶下沿，高度约为5米。南北面宽约1.3米，东西面厚约1米。四角皆削，碑身上部略窄，下部稍宽，似方尖碑。表面光滑，除西南角稍下处刻有一小"帝"字外，碑上再无其他文字。此"帝"字似乎出自唐宋年间，而且与原来的石头毫无瓜葛。但也有人说，它乃后人所刻，以示碑之古老。碑石并非本地所产，显然是自他处运送而来，花费了大力气、大价钱。此碑的形制与年代，能够与克娄巴特拉方尖碑相比。

据民间传说，如同附近出土于成化十八年（1482年）的玉简，无字碑下也藏有帝王宝藏。传闻曾有官员率领工匠欲移碑寻宝，顷刻间便狂风大作，工匠见状仓皇而逃。这阵狂风是一种不祥之兆，官员遂放弃寻宝之举。时至今日，也无人知晓此处是否仍藏有两千年前的祭祀遗物。

无字碑年代的考究，中外史学家皆认为至少已有两千年之久。旧时的说法认为此碑是秦始皇于秦始皇二十八年（公元前219年）东巡泰山举行封禅大典时所立。史学家司马迁称无字碑原有碑文，他写道："乃遂上泰山，立石，封，祠祀……刻所立石……"①然而注疏家解释道，此碑历经两千余年的风雨侵蚀，上面的碑文早已尽数磨灭。

但是，如今人们大多认为此碑并非秦始皇所立，而是相信《岱览》作者的说法。②唐仲冕于乾隆年间著此书，云："岳顶无字碑世传为秦始皇立。按秦碑在玉女池上……不当又立此大碑也。"众多史料皆有记载玉女池。③再者，此碑石表面光洁如新，显然其上未曾刻字。另外，秦刻石拓本在很多书籍中都可见到，其尺寸与无字碑完全不相符。故结论为，此碑并非建于公元前3世纪，而为公元前2世纪之物，乃汉武帝于元封元年（公元前110年）东巡泰山时所立。碑石虽于山上加工，然而谨慎的司马迁并未如记录其他碑石般，称其有刻字，仅仅写道汉武帝"乃令人上石立之泰

---

① 原文参见司马迁所著《史记》（法文版）第二卷，第140—142页。
② 原文参见唐仲冕所著《岱览》第八卷，第5页。
③ 原文参见《泰山志》第九卷，第1页。

山巅"①。这便是汉武帝于元封元年行封禅大礼时所立无字碑。两千多年以来，它始终保持原貌，不曾为风雨所侵。

秦刻石曾矗立于现在碧霞祠所在的玉女池畔，但现今已亡佚。这座刻石高逾1米，近乎方正，最宽处仅有0.7米左右。碑文记载秦始皇二十八年（公元前219年）和秦始皇三十七年（公元前210年）两次东巡泰山之事。②秦始皇的碑文共计144字，排12列。秦二世的碑文共计123字，排10列，另有3字刻于一角。因此，四面总共22列文字。此刻石立下不久便倾倒了，所幸有一面文字得以保存，其余三面则磨损严重。复立此刻石时，保存完好之面朝南。大中祥符元年（1008年）碧霞元君像于此玉女池中显现，短短四十年之后，即庆历八年（1048年），东平府（距此地约97千米）知府吕氏发现此秦刻石。吕氏拓下了其所能辨识的48字。最为精确的拓印者为刘跂，他于政和三年（1113年）拓印此碑文，从约267字中拓下222字，其中他能辨认出的有146字。16世纪末，刻石上仅余29字可辨。

雍正八年（1730年），有人将此刻石（或许是山中最古老的刻石）自玉女池（井）移至碧霞祠东庑。十年后，毁坏铜碑的那场

---

① 原文参见司马迁所著《史记》第十二卷（或法文版第三卷，第499页）。
② 原文如此，实际为秦二世元年（公元前209年），参见［清］金棨编，陶莉、赵鹏点校：《泰山志（上）》，济南：山东人民出版社2019年版，第422—423页。——译者注

大火亦殃及这块秦刻石，后来它便不见了踪影。据说，今泰安岱庙中珍藏了两块该刻石的残片，仅存7个完好的字。泰安岱庙和衙门土地祠中还存有两份部分碑文的拓本。①

一位西方朝圣者论山东云："吾等或漫不经心立于此地，然尧、舜诸先贤或曾于此俯首敬拜；历代鸿儒名士亦常怀敬意造访此处。"又云："孔子登泰山而小天下，堪称最著名之访客。""早期西方游客似乎从未注意泰山与孔子故里曲阜。然若东平府确为兖州府故地，马可·波罗（Marco Polo）或曾见泰山，并行经孔府数里之处。"②

孔庙小且质朴，想必会令孔门弟子失望。道教中善良的仙女和美丽的女神充斥世间，故能在山巅生根、兴旺；而亦富智慧的儒教，则在此贫瘠之地难以生根。虽然举世皆知圣贤孔子登泰山而小天下，然而几百年以后才有建筑立于此地，以示纪念。15世纪中叶，圣人昔日立足之处才建起小亭，名曰"过化亭"。此充满诗意之名暗示圣人所至，万物更新；或者概括来说，凡其所为，皆能使之复兴。

16世纪，儒者决意于泰山极顶为圣人建庙，嘉靖年间始建，万历年间竣工。修建孔庙之事落于三位儒生之手：朱衡、郝大

---

① 原文参见法思远所著《山东：中国圣省》，第63页。
② 原文参见法思远所著《山东：中国圣省》，第62页及注释；《马可·波罗游记》，第五十二章。

孔子像——拓于泰山孔庙石刻

猷、查志隆。康熙十五年（1676年），更多文人雅士修葺孔子庙宇，并献上孔子像。吴云、杨林监督改建事宜。[①]乾隆皇帝是孔庙最慷慨的皇家赞助者。乾隆三十五年（1770年），乾隆皇帝巡幸至此时，命其臣下重建此庙，沿用旧基，并增设孔子及其四大弟子（即颜回、曾子、子思、孟子）的塑像。这使得泰山孔庙不仅有普通孔庙中常见的神位，还立有罕见的塑像。圣人生前对待鬼神之事就十分谨慎、避而不谈，早年人们也无意将其神化。然而清代以来，对儒家思想的崇拜逐渐具备中国其他信仰的特征。光绪三十二年（1906年），慈禧颁旨，以"德配天地，万世师表"将孔子祭礼升为大祀。孔子的地位至此达到顶峰，其祭礼得到了与祭天、祭地、祭社稷同等的地位。与此同时，慈禧意图在曲阜建立儒学经典学堂。然而，学堂并未成功开办，慈禧对儒教崇拜的推动就此宣告终结。

此处除乾隆皇帝御赐匾额及圣龛左右两侧的两处石刻外，

---

① 原文参见《泰山志》第十卷，第21页。

再无更多的历史价值。乾隆御赐匾额曰"因高喻大",意为"对圣人愈了解,便愈能发现其学识伟大"。东侧有石刻孔子像,西侧有石刻亚圣孟子像。两个石像都刻有简短的文字,表明为道光年间所刻,距今(20世纪20年代)也不过百年光景。即便如此,与泰山其他古迹一样,它们也因年年被游人抚摸而日渐磨损(本书收录此二石刻拓本,而人像已略有磨损)。两位圣贤皆蓄长发长须,着周朝宫廷服饰。这些石刻也有可能临摹自更古老的石刻。

孔庙前的牌坊名为"望圣迹"。发挥想象,我们可望见鲁国平原南部最为神圣之地——孔林。在我们的身后,越过泰山的群峰便是黄河平原,昔日齐国便雄踞于此,为中原天子守卫东部。孔子周游列国时,曾越过这些贫瘠的山丘到达临淄,欲以良政之道教化齐景公及其不肖之子。本书第43页的插图《孔子圣迹图·景公尊让》描绘了圣人在齐国朝廷上的情景(就像曲阜孔庙圣迹殿中的圣迹图所绘)。面对孔子带来的新学说,齐景公彬彬有礼却持

孟子像——拓于泰山孔庙石刻

保守态度，曰："吾老矣，不能用也。"①《论语·微子》称"孔子行"，继续带着他的弟子周游列国，为诸侯进谏。孔子三十六岁时经泰山至齐，多年后从宋、卫返回故乡鲁国，归来时成了一位更加有智慧却略显悲凉的圣贤。在南边的群山中，他潜心研究"经典"，终成一代"圣人"。孔子七十岁时曰："加我数年，五十以学易，可以无大过矣。"（——《论语·述而》）

---

① 此处是作者对《论语》的误读，《论语》表达的是齐景公不能用孔子其人，而非其带来的思想。——译者注

第八章

古之祭坛

山中古祠

[唐] 张籍[①]

春草空祠墓,荒林唯鸟飞。

记年碑石在,经乱祭人稀。

野鼠缘朱帐,阴尘盖画衣。

近门潭水黑,时见宿龙归。

---

① 张籍,字文昌,唐代诗人。——译者注

古之祭坛

吴观峰位于泰山极顶,毗邻孔庙西侧。相传,圣人孔子曾立于此处遥望数百里外吴国都城(今江苏苏州)城门。此事在东汉王充(27—约97年)所著《论衡·书虚篇》中有所记载。①曲阜孔庙圣迹殿第九十幅石刻圣迹图(一组描绘孔子生平的石刻连环画)中亦有此情景之描绘。②昔日,"颜渊与孔子俱上鲁太山,孔子东南望,吴阊门外有系白马,引颜渊指以示之,曰:'若见吴昌门乎?'颜渊曰:'见之。'孔子曰:'门外何有?'曰:'有如系练之状。'孔子抚其目而正之,因与俱下"。可是,王充继而悲叹道:"下而颜渊发白齿落,遂以病死。盖以精神不能若孔子,强力自极,精华竭尽,故早夭死。"王充本人对此泰山传说颇有微词,认为其不甚可信,"殆虚言也"。他阐述道,身处中国北方的泰山极

---

① 原文参见《论衡·书虚篇》,第四章。
② 见第31页插图。

顶,断然不能望见远在南方的吴都。①

近代理学家意欲为这种荒诞的说法辩解,因为这种说法在早年的信仰时代(ages of faith)为人们所接受。他们提出推断,认为此事本是真实的,可是却因为文人传抄时出现错误而讹传。他们推测实际上孔子所见为鲁国都城(今山东曲阜)南城门雩门,而非吴都城门,原因是孔夫子生于鲁国,而且其本人也与南方吴国鲜有往来。且若按某种书写方法,"雩""吴"二字形近,因而眷抄时容易出现错误,就像西方中世纪抄写员常犯的错误一样。因此,据《岱览》所引儒者之言,孔子所见之"雩门"被误传为"吴门",此峰当正名为"鲁观峰"。②

然而,20世纪的考据学者对此依然心存质疑,认为这样解释还是有漏洞。鲁国都城曲阜就位于此地东南方向,到达峰顶需要整整一天的行程,这种距离对于现在的人们而言也算得上相当遥远了。其次,此地与鲁都之间为徂徕山所遮蔽。纵使借助望远镜,雩门与东岳极顶也还是不能相望。有鉴于此,当今的学者认为这段孔子佳话与道家的诸多东岳仙话一般,都是真伪难辨、扑朔迷离的。

相较于真实性存疑的"望吴门马",《礼记》中也记载了孔子

---

① [清]唐仲冕编撰,孟昭水校点集注:《岱览校点集注(上)》,济南:泰山出版社2007年版,第313页。

② 原文参见《岱览》第十卷,第8页。

登泰山一事，它为五经之一，相对更为可信。①曲阜孔庙圣迹殿中，也有相关石刻画作描绘此情形。《礼记·檀弓》记载道："孔子过泰山侧，有妇人哭于墓者而哀，夫子式而听之，使子路问之，曰：'子之哭也，壹似重有忧者。'而曰：'然。昔者吾舅死于虎，吾夫又死焉，今吾子又死焉。'夫子曰：'何为不去也？'曰：'无苛政。'夫子曰：'小子识之：苛政猛于虎也。'"这则故事从侧面反映了当时泰山一带猛虎等野兽尚存，据此也就知晓了当时该地区被称为"岩野"的原因。即便今日，从泰山延伸至黄河一带的丘陵地带，牧羊人及羊群仍受野兽，尤其是狼群的威胁。然而，时至今日，人们已经见不到老虎的踪迹了。

前文已经提到，继吴观峰之后又衍生出周观峰、秦观峰等地名。另有传说，秦始皇在孔子三百年后登泰山，其目力更胜孔子。秦始皇声称，他能望见越国都城会稽（今浙江绍兴），此地相较于吴都，还要再远五百里。

孔庙前，有一方形石台孤峙于此，这便是北斗台，系明万历十八年（1590年）所建。台下有两条交错的通道，北面设有石阶，供人登上台顶祭祀。台上立有两根石柱，象征着左辅星和右弼星，取泰山北斗之义，世俗以为它们是天界与人间的主宰。典

---

① 原文参见理雅各所译《礼记》（英文版），载于《东方圣书》第二十七卷，第431—432页。

籍中常见北斗与泰山并提，山下路旁亦建有北斗殿和斗母宫。北斗真君为文人科考的护佑神，故其祭坛与文圣孔子之庙并立于山巅，可谓相得益彰。

孟子曰:"孔子登东山而小鲁,登泰山而小天下。故观于海者难为水,游于圣人之门者难为言。"

——《孟子·尽心上》

平顶峰是此次朝山进香之旅最后一处尚未提及之地。此处虽然没有什么奇观，但对于好古之士而言，他们可以在脑海中构思上古帝王于此东极之地行祭天之礼，或想象孔子凭栏北望云海，或遐思乾隆皇帝于昔日乾坤亭中题碑立石。自玉皇顶东行能够到达这平坦开阔的平顶峰。乾坤亭遗址位于极顶庙宇与无字碑之下。明代曾在此处修建规模宏大的宫殿。康熙二十三年（1684年），康熙皇帝来到此地，见宫殿破败不堪，遂出资重建乾坤亭，以此纪念古代在此地附近祭拜两位神灵之事。康熙皇帝同样在此留下石碑，题曰"普照乾坤"。切柏神父将此题字与孔子相关联，而乾隆皇帝亦为孔子题"独尊宇宙"。乾隆皇帝更于乾隆二十二年（1757年）和二十七年（1762年）分别作诗，并将诗文题刻于亭中石碑上。①

　　乾坤亭北墙外，有一儒家圣迹，甚为珍贵，石上刻有"孔子小天下"五字。这是"四书"中的典故，据《孟子》记载："孔子登东山而小鲁，登泰山而小天下。故观于海者难为水，游于圣人之门者难为言。"②此石刻由颜继祖所刻，颜继祖或为孔门高徒颜回的后裔。

---

① 原文参见切柏所著《泰山》，第118页。
② 原文参见理雅各所译《孟子》（英文版）第七卷，第24页。

读书有感

孔子读易至损益喟然而叹子夏问曰夫子何叹焉孔子曰夫自损者益自益者缺吾是以叹也子夏曰然则学者不可以益乎子曰否天之道成者未尝得久也夫学者以虚受之故曰损之而益也受益之谓损若损其自多以受人故其益多矣

《孔子圣迹图·读书有感》

LOOKING TOWARD THE EASTERN PEAK

BY TU FU, THE "GOD OF VERSE," A.D. 712–770

Of T'ai Shan what can one say?
Here Lu and Ch'i for aye
Freshly their youth retain.
   Here Heaven and Earth unite
Spiritual grace to form:
   As a pole of shade and light
It sunders the dusk and dawn.

Soaring through layers of cloud,
   At sight of it swells the breast.
At a glance the eye can view
   The birds coming home to rest.
But climb to the uttermost peak —
All other hills seem small
As the eye o'erlooks them all!

    —Translation by W. J. B. FLETCHER,
    in "Gems of Chinese Verse."

望岳

[唐]杜甫

岱宗夫如何？齐鲁青未了。

造化钟神秀，阴阳割昏晓。

荡胸生曾云，决眦入归鸟。

会当凌绝顶，一览众山小。

沿崖继续向东北方向前行，可以看到一块巨石，名曰"探海石"，形似一人手持简册，朝海作揖。因此地邻近"孔子小天下"处，于是便有传说，称圣人在此处再展目力，望到了黄海之水。相较于望吴门马的故事，这个传说更为可信，这是因为直隶湾（今渤海湾）距泰山东北部仅约75千米。春秋时期，海岸线或许比现在会更近一些。然而，理性主义批评者多采用形象的解释，他们认为此地是观云海之处，在泰山的晨曦中，云海浩渺，蔚为壮观。与巨石相映成趣之处，当属岱庙碑廊中的"登山观海"石刻，该石刻原本立于山顶，后迁至岱庙中。

继续向东而行，可以到达极顶的东缘。此处可见一石碑立于祭坛之上，这便是日观峰。它与西极的月观峰遥相呼应。日观峰也可能是古封禅坛的设立之处。史载此地曾至少举行过两次封禅大典：一次于乾封元年（666年），另一次于大中祥符元年（1008年）。相传，曾于此地祭天的帝王还有伏羲、尧、舜、夏禹、商汤、周成王、秦始皇及其子秦二世、汉武帝、汉光武帝、汉章帝、汉安帝、三国魏明帝、北魏太武帝、隋文帝、唐玄宗等。所以，此处可谓泰山至圣之地。

成化十八年（1482年），此处发现一方石函，内藏玉简。一说更早在洪武年间（1368—1398年）即已出土。明朝帝王唯恐惊扰山神，于是将其重新埋回原位。再到乾隆十二年（1747年），乾隆皇帝将此珍稀古物移至京师收藏。据传当时共发掘两方石函，一并运往了北京。①

1923年,明堂遗址又发现了祭祀遗物。据《后汉书》记载,周朝和汉朝时期,帝王常于此"柴祭天地群神如故事"。明堂(位于日观峰东侧山谷)历来与山顶古封禅坛相辅相成。元和三年(86年),汉章帝诏曰:"朕巡狩岱宗,柴望山川,告祀明堂,以章先勋。其二王之后,先圣之胤,东后蕃卫,伯父伯兄,仲叔季弟,幼子童孙,百僚从臣,宗室众子,要荒四裔,沙漠之北,葱领之西,冒耏之类,跋涉悬渡,陵践阻绝,骏奔郊畤,咸来助祭……"②谁又能断言,他日此古坛独碑所在之地,不会有更甚于乾隆十二年或1923年的惊世发现?

古登封台南侧,有一处阴森可怖、千尺有余的峭壁,这便是爱身崖,是古人献身祭祀、代人赎罪的象征,这一传统绵延数千载。爱身崖令人心驰神往却又不寒而栗。自史书中都未记载的上古时代到民国年间,泰山绝崖投身自尽之举从未间断。仅1924年一年就有数人殒命于此。投崖者多为孝顺的子女,冀以舍身为父母求得恢复健康、摆托厄难,故爱身崖旧称"舍身崖"。

投崖自尽的行为官府屡禁不止。嘉靖二年(1523年),一道红色缭垣筑起,长约100米,高约5米,横亘于悬崖前的通道。垣

---

① 原文参见切柏所著《泰山》,第119页。
② 原文参见《泰山志》第十二卷,第10页。

日观峰（左），爱身崖（右），以及已毁的乾坤亭

古登封台上孤立的石刻和日观峰

上写有"禁止舍身"四个大字。然而,不管是缭垣,还是警示、惩戒,都难阻绝望之人赴死的心理暗示。就如同勇敢的奥德修斯(Odysseus)和他的船员一样不顾劝阻,投身西西里海(Sicilian Sea),迎战斯库拉(Scylla)与卡律布狄斯(Charybdis);亦如同莱茵河(Rhine)舟子为美丽的罗蕾莱(Lorelei)所迷惑,葬身礁石。中国香客也是如此,或是对此处传说有所耳闻,或是为功德所驱使,竟甘愿放弃生命投身于爱身崖下。泰山石刻有云"心问山朝"。诗人劝世人登山省心,可谓用意良善。可是,若人立于爱身崖边,心中空虚一片,又该何去何从?显然,香客向这座道教"仙山"上的神祇叩拜、焚香、奉钱,是因为心中有所缺。但倘若人们所希望的能实现几分,官府又有何必要下令禁止人们在

三磐崖石阶

泰山舍身?

当然,登泰山之人,循圣贤、帝王、诗人、农夫的足迹而来。若是心智清明,立于此处,心系登顶之乐,无不为生命壮美而欢欣。俯瞰大地,天地造化尽收眼底,此种景致足以慰藉跋涉峡谷、攀缘磐路之劳。向南望去,群山环绕着孔子、颜回、孟子的故里。昔日齐鲁两国争议不休的汶水,如一条黄色的巨龙蜿蜒迤逦,沙色"鳞片"散落在近郊良田上。近处的泰安城方正如砥,岱庙金色的瓦片在阳光下熠熠生辉。向西望去,铁轨旁蒿里山巍然耸立,石塔之尖直指苍穹,森罗殿依山而建。若天朗气清,极目远眺,可见黄河奔流于千山万壑之间。诗人所咏"泰山之安",正谓此景。

第九章

古之庙宇

大雅·皇矣（节选）[1]

……

作之屏之，其菑其翳。

修之平之，其灌其栵。

启之辟之，其柽其椐。

攘之剔之，其檿其柘。

……

帝省其山，柞棫斯拔，松柏斯兑。

……

---

[1] 节选自《诗经》中《大雅·皇矣》一诗。——译者注

古之庙宇

凡是向东岳泰山进香的香客,都不会忘记造访位于泰安北门内东岳大帝的下庙——岱庙。现在,人们攀至泰山极顶主要是为了到碧霞祠祭拜碧霞元君。元君信仰如今已超越了东岳大帝信仰。相比于碧霞祠,同样位于极顶的东岳庙规模甚小,但实为东岳大帝信仰的上庙。登山伊始,一天门附近有元君信仰的中庙红门宫,香火也同样很旺盛。而在大道东侧的树林中,曾经宏伟的中央宫殿如今只剩下断垣残壁,现在只有对瓦砾、断碑感兴趣的文物研究者才会访问此处。泰山自古以来就被中国人敬奉为神圣之山,人们沿着磐路攀缘向上,抵达圣峰。可是如今,这段路却仅通向一位猝然受人崇拜的女神及其仙灵家族的庙宇。公元前23世纪,舜在此"望秩于山川";理性至上的圣贤孔子在此不过是"小天下"。若是见到今日此处矗立着无数他们所不知的现代神灵的庙宇,他们必会惊叹不已。

然而,古老的信仰并未完全消亡。每年朝山进香之时,岱庙

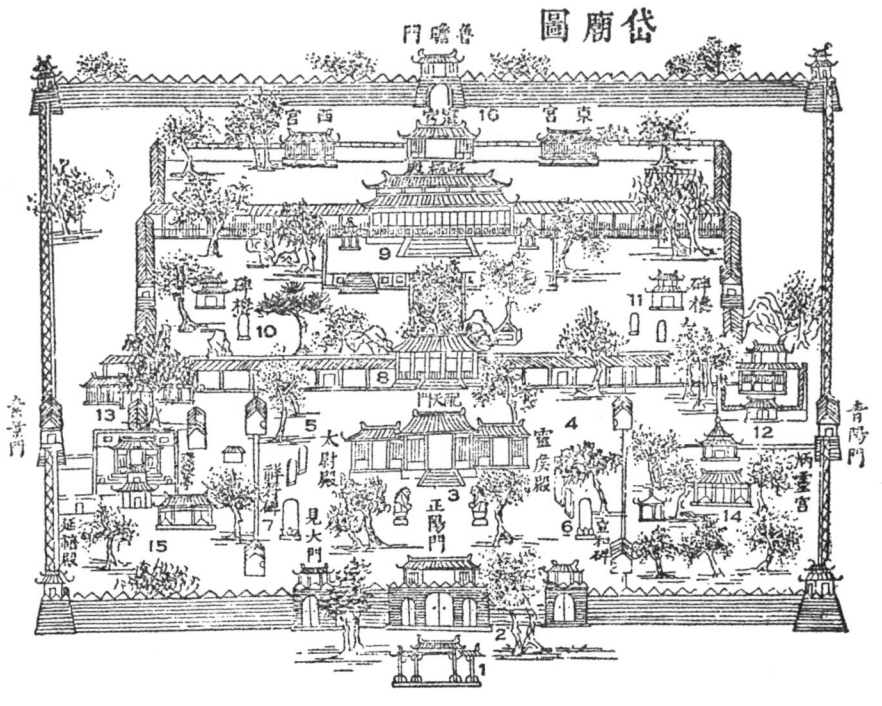

泰安岱庙图

1 东岳坊
2 正阳门
3 配天门
4 三灵侯殿
5 太尉殿
6 宣和碑（1124年）
7 祥符碑（1013年）
8 仁安门
9 峻极殿（又称天贶殿）
10 西碑楼
11 东碑楼
12 博物馆
13 雨花道院
14 炳灵宫与汉柏院
15 唐槐院
16 寝宫

仍接待成千上万的本地香客。20世纪以来，进香人数还在不断增加。对于外国访客而言，观断垣颓壁，闻古柏芳香，比目睹道士在泰山极顶的元君金像前击鼓叩拜更能获得满足感。这些古柏乃是公元前统治者的馈赠。站在汉柏唐槐与宋金古碑之间，人们能感受往昔浪潮流回此处，敬畏之情油然而生。岱庙之"岱"字就承载着这种历史厚重感。《尚书》有言"海、岱惟青州"，泰山在书中即取岱岳之名，岱庙也因此得名，简单却不失尊贵。近代最著名的香客当属康熙皇帝，他以古名下诏，赋予岱庙高于其他庙宇的尊贵地位。

泰安最古老的地标——岱庙的一部分庙墙

岱庙的面积极为广阔，其庙墙占城市的四分之一（西北角）。这些庙墙是与泰山相关的最古老的建筑之一，比泰安城墙和庙宇建筑本身早了数个世纪。10世纪之前，庙宇围墙之外仅有一个名为岱岳镇的散乱村庄。大定二十二年（1182年），金世宗设泰安州，城墙也逐渐建成。庙墙总周长超过约1.6千米，高约3.9米。墙上有八座雅致的角楼，共有六个庙门，其中南侧就有三个大门。正阳门南侧是华丽的东岳坊，再往南是遥参亭，昔日香客在此"遥参"东岳圣山。如今，遥参亭前边为茶肆，后边为元君殿。

配天门为岱庙内的门楼，位于第一庭院中央，"配天"意指泰山如同北斗七星一样，被视为天帝的左膀右臂。一些道士称泰山为天帝的嫡孙。配天门前有两尊铜狮像，门廊内有两位守护神：西为白虎，东为青龙。

配天门右侧为三灵侯殿。宋真宗于大中祥符元年（1008年）登临泰山以后，为了答谢泰山之神在那奇迹频现之年赐予的"天书"，下令建造三灵侯殿。宋真宗登上泰山当夜，宿于南天门附近，梦见唐宸、葛雍、周武。三人声称是周朝时的谏官（距当时已有一千八百多年），前来祝贺这位虔诚的君主。皇帝与其权臣王钦若商议后，决定尊崇这三位谏官，于是下令建造了三灵侯殿。泰山极顶之上可能曾有一座更早的周朝谏官庙。

配天门左侧是太尉殿。与泰山相关的一些著作①引用了朱佐的说法，称"西为太尉殿，祀齫公杜琮"②。道教著作《元始天尊说东岳解冤谢罪真经》提到此殿属于一位朱将军："岳府太尉朱将军都副统兵元帅。"③但是，切柏神父则持不同观点，认为这是三茅殿，用以纪念汉代三位勇猛的茅姓将军。太尉殿究竟为哪位将军而建，我们可能永远无法得知，但无论如何这里满足了中国人讲究的对称美：东侧是帝王谏官的神殿，西侧是军事英雄的神殿，一文一武，相得益彰。

前院的两块大石碑值得留意。西侧的大石碑立于大中祥符六年（1013年），纪念宋真宗将东岳大帝从王的地位提升到帝的地位，赐号"天齐仁圣帝"。东侧的石碑略小，高约6.7米，立于天会二年（1124年），为金太宗所立。④碑上记载了岱庙的一次重修以及对东岳大帝的一篇颂辞。院中其他规模较小的石碑建造年代相对较晚，历史价值稍逊。从院子北侧穿过中间的仁安门，便是庙宇的正殿——峻极殿（今称天贶殿）。

---

① 原文参见《岱览》第六卷，第6页；《泰山志》第十卷，第7页；《泰山道里记》第十四卷。
② ［清］唐仲冕编撰，孟昭水校点集注：《岱览校点集注（上）》，济南：泰山出版社2007年版，第188页。
③ 原文参见沙畹所著《泰山》，第39、41页。
④ 原文如此，但碑文记载为宣和六年（同为1124年）宋徽宗所立。——译者注

峻极殿是泰山神东岳大帝的正殿，殿前有一条宽阔的甬道，直达铺砌的石阶平台。甬道周围环绕着石墙，上面有几块形状奇异的岩石，其中最重要的是一块来自扶桑[①]的石头——扶桑石（又称"迷糊石"）。没有人可以确定，它到底是来自哪里。但据说若能在蒙住双眼的情况下绕其三圈，然后稳步走到寺庙的上层平台，便会交上好运。甬道两侧是寺庙的水井，井旁两个精美的铁铬铸于建中靖国元年（1101年），并刻有当年数百名香客的名字，这些人曾筹钱资助泰山的某项纪念性事业。东侧围栏附近还有一个方正的香炉，置于四足之上，铸于万历元年（1573年），专献给碧霞元君。

峻极殿宏伟非凡，檐下立着八根柱子，因此门廊被分为九个部分，屋顶规制类似北京故宫，为重檐庑殿顶，上面覆盖着象征皇室赞助的黄琉璃瓦。屋檐下方是色彩鲜艳的中国传统彩绘格子门——隔扇门。殿内和许多庙宇一样，空旷晦暗。殿中供奉着东岳大帝，左右两侧各有一尊侍从塑像。东岳大帝坐在宝座上，身着黄色衮龙袍，手握象征权威的圭板。祭坛上摆放着画有五岳真形图的祭祀用具。东岳大帝神像上方悬挂着三块匾额，分别是三位造访此处的皇帝所赐。其中最早的一块是康熙皇帝于康熙二十三年（1684年）所赐，上书"配天作镇"。第二块是雍正皇帝

[①] 传说中东方海中的古国名。——译者注

泰安岱庙的峻极殿

云步桥和御帐坪

泰山脚下黄西河附近的馍馍石

一位德高望重的道士乘轿登泰山

于雍正九年（1731年）所赐，上书"岱封锡福"。第三块是康熙皇帝的孙子乾隆皇帝赠送的，上书"大德曰生"，正中偏上处还盖有他的钤印。

他还在宝座两侧的柱子上题了一副楹联，上联为"青社开封峙者宗山称岳长"，下联为"苍精降德圣惟产物与天齐"。殿墙上绘有一位皇帝向泰山进香的长幅壁画。西侧墙壁上画着一位驾驭四轮玉辇的皇家人物（可能是康熙皇帝）。随行的护卫、侍从自北侧壁画一直延伸到描绘泰山山脚的东侧壁画。

从峻极殿出来后，沿着侧面的台阶往下走，途中会经过廊道尽头的两座亭子之一。它们是为安放刻有乾隆皇帝诗文的石碑而设的，乾隆皇帝是最后一位以石碑的形式尊崇东岳的伟大诗人和皇帝。内庭东西两侧的墙上曾依序画着地府七十五司判官壁绘。如今，他们与曾在他们面前接受审判的所有苦难亡魂一同消失无踪。但想要了解他们，可以在靠近火车站的蒿里山阎罗殿中找到丰都第七殿阎王泰山王同伴的小型塑像。东岳大帝不仅是天庭佐助，掌管宇宙之力，亦具有判决亡魂命运的权力。而人们则代表那些在地府七十五司受苦的亡友，在蒿里山小庙庭院中为这位神祇立满了石碑。

内院翠柏葱郁，灰色石碑耸立，碑上记载着明清皇帝祈祷、谢恩之言。柏树与石碑历经沧桑，年代甚远，令人肃然起敬。西侧的一列石碑刻有康熙十七年（1678年）、洪武十年（1377年）

的祝祷之词。洪武碑的建造是因为臣下前来朝山祭祀，宣告明朝建立。①西侧石碑的南端有一块残碑，上面曾刻有佛经，但如今已年久破损、字迹难辨。"无字碑"之名误导了切柏神父，他以为此八角石柱便是秦始皇于秦始皇二十八年（公元前219年）所立。然而中外学者几乎一致认为，这块残碑系佛教特有的石幢，梵语称之为dhvaja。此碑或立于6世纪，而城隍庙后另有四座，年代稍晚（10世纪）。②道士对此佛教石幢一无所知。慕阿德（Moule）却称，在大小、上窄下宽之形和丰富的莲花雕刻等方面，此石与佛教石幢大相径庭。它高约6.3米，直径约3米，可能从未有过印度式样的幢顶。

殿前西侧、八角石柱北边是最古老、最重要的大型圆首石碑，名曰"天贶殿碑"。此碑与大中祥符元年（1008年）宋真宗因大藏岭降下天书而登临泰山有关。宋真宗听信谗言，效仿古代帝王朝山之举，更是精心策划了各项事宜。登临东岳泰山时，其排场之盛，前所未见。皇帝还被诱导，许诺送出很多贵重礼物：其一为安放玉女（后为碧霞元君）圣像的庙宇；其二为前方的三灵侯殿，祀周朝三位勇敢的谏官；其三为纪念天书之碑，此碑记载宋真宗在此地建天贶殿，立于大中祥符二年（1009年）十二月

---

① 原文参见沙畹所著《泰山》，第266—268页。
② 原文参见英国汉学家慕阿德（A. C. Moule）所著《泰山》，载于《英国皇家亚洲学会会刊》第四十三卷。

初六。故此碑为现存最早的碑刻证据，证实曾有一座岱庙确实立于今峻极殿所在之处。与此同时，它也为此拜神中心最早的真实碑刻记载。后来，碑的朝向有变，旧碑文已转而向西，天顺五年（1461年）新碑文添于正面（东面）。

北侧有一座特殊的凉亭，其中有一块大型石碑立于洪武年间。碑文表示：今后当尊崇东岳泰山之神，不再如前朝弱主妄加封号。此碑立于洪武三年（1370年）。西侧其他碑刻多为祝祷之词和诏书，重要性稍逊。

穿过甬道便到达东侧的碑林，此处有价值的石碑就更少了。北端近正殿处，有康熙皇帝御赐的两块石碑，分别为康熙三十年（1691年）和康熙二十四年（1685年）所赐。虽然康熙皇帝两次登临泰山，但他从未行封禅大礼。旁亭中有其孙乾隆皇帝所赐的巨碑，立于乾隆三十五年（1770年）。他像康熙皇帝一样登临泰山，碑上记载道："朕寅承永怀，彝训时式，每逢时巡盛仪，即躬祀岳庙，洁蠲将事。而于登封台纪事诸什，时复长言申谕……其义庶几质诸古皇而不易耳。"[1]言下之意，乾隆皇帝宣示其已尽天子之责，祭祀东岳，并拒绝以古老、腐朽的封禅大典向东岳表达敬意，而宋真宗七百年前曾隆重举行此仪式。东列南端另有一高碑，高约4.3米，立于明昌五年（1182年）。除此之外便都是16、17

---

[1] 原文参见沙畹所著《泰山》，第387页。

世纪所立的小碑。

通往岱庙东门的路经过博物馆,为北京紫禁城的缩影(今亦改为公园)。昔日皇帝牌位就置于此门旁的厅室中。乾隆皇帝(或前朝诸位皇帝)登临泰山时,曾驻跸于此,故称"御座",山顶南天门一厅亦有类似的名称。沙畹查阅清代宫殿历史,认为此处(而非前院左殿)是"三茅殿"旧址。三茅乃汉朝时期茅姓三兄弟,他们既为勇将,又为修道之士。

三茅长兄茅盈,玄学造诣最深。天汉四年(公元前97年),其道已臻化境。及至初元五年(公元前44年),茅盈隐居江苏句容的山中。他像吕洞宾一样隐居山林,精研丹道,终得长生不老之秘。传说其曾祖父骑在龙背之上腾空而去、白日升天,时人多有歌咏。后来,其传道之山遂名茅山。道家尊之为天下第一福地。

藏匿着长生不老秘诀的洞穴便是道家三十六洞天中的第八洞。司马迁所著史书中有关于茅盈的隐晦记载,注疏者以为他的曾祖父生于秦始皇掌政之时。[①]

次弟茅固官拜武威太守,三弟茅衷官任上郡太守。辞官后,二人随长兄归隐修道,后来分别受封为定录妙应真君、保命神应真君。[②]

---

① 原文参见司马迁所著《史记》(法文版)第二卷,第163页。
② 原文参见沙畹所著《泰山》,第143、144页及脚注。

通往岱庙西门（今已封闭）的道路经过数个小围院，乃华东高功（道教法师的专名）的府邸。他们为道教宗派之首，统辖泰山庙宇、山路和乡间无数道观。他们居住在西门脚下的雨花道院，如今不过是一片用往昔倒塌庙宇的石料建起的破败屋舍。道士耕种内外墙间所有的田地，面积甚广，堪比大农场。

客房设于新修缮的藏经堂内。藏经堂内藏有道教经文典诰，还有道光年间（1821—1850年）所刊书籍、岱庙档案和《泰山道里记》木刻本。最为珍贵的当属北楼内室珍藏的乾隆赐物。这是一块浅绿色玉雕，长约0.91米，宽约约0.25米，雕刻成东岳大帝在其正殿中所持之圭的形状。玉雕为乾隆三十六年（1771年）皇帝登临泰山所赐。如今，它不仅具备历史威望，更被赋予神异之力。其一端触之冰凉，另一端虽不能称烫手，却不似彼端一般寒冷，因此人们称其为温凉玉圭。

与温凉玉圭同样珍贵的赠礼现在已不复存在。由于此处诸室存放大型庆典（如农历三月廿八东岳大帝诞辰）所用的各类饰物，所以其曾用名为"神器库"。其中曾有一辆供神祇使用的神车，配有一匹拉神车的金马。后者为咸和五年（330年）东晋成帝司马衍所赠。因其过于精美，在这僧人、道士需要吃喝生存的俗世难以长存，所以现在此物已然消失。汉代乐器与木制雕像，自然也与这金马一同湮没于两千余年的岁月之中。现在此处只展出少量近代景泰蓝与铜器。

雨花道院稍东一些，有一座小庙（即鲁班殿），祀声名显赫的鲁班。鲁班是鲁国人，据传与孔子同时代，但他并非孔门弟子，而是能工巧匠，几乎与孔子一样名扬四海。传说他在山中立起一块神石，指向鲁国在南方的劲敌吴国。吴国百姓随即遭逢厄运、旱灾、祸患。吴人遂恳请鲁国权贵移除此石，此后吴国百姓得以安宁幸福。鲁班以其超凡技艺名满天下，因此道家将其神化是顺理成章。

鲁班殿前的通道四周墙壁环绕，墙上嵌满了珍贵的石刻铭文，足以让文物收藏者欣喜若狂。这些石刻铭文来自东岳不同地点的庙宇和原立于此处的环咏亭。万历皇帝重建了这个"诗人角"，而乾隆皇帝于乾隆十二年（1747年）再度修缮，并增添了自己的三段诗句。但这些修缮之举终究是徒劳无功，现在①环咏亭已坍塌，石刻沦为普通砖石，"沦于荒秽中"，风吹雨打，日渐风化。②因朝廷不再拨款维护该小祠，韩、范、欧阳等贤者的诗文遂无人问津。③西墙有一座大碑，碑角各刻二字，合起来曰"登山观海"，这与泰山极顶的探海石有关。每年无数人拓印此碑以及其他石刻，将其作为历史著名书法范本。

---

① 指写作年份。——译者注

② ［清］金棨编纂，陶莉、赵鹏点校：《泰山志（上）》，济南：山东人民出版社2019年版，第270页。

③ 原文参见《泰山志》第十一卷，第3页。

岱庙后院依惯例为主神寝宫。昔日，寝宫可从峻极殿东岳大帝宝座后的门进入。但是，20世纪20年代左右，寝宫屋顶大面积坍塌，游客无法进入其中。唯一可行的通路要经由西侧的雨花道院。东岳大帝及其正宫东岳淑明后端坐于残破不堪的殿中。东岳大帝像曾为铜像之典范，但破败后也只是用大铆钉稍做修补，且因雨水浸淫，像上渐生铜绿。淑明后像只是普通的木雕，状况更为糟糕。事实上，两位侧妃，即东宫娘娘和西宫娘娘的塑像似乎比主神更经得起岁月洗礼，抑或是她们的居所相较于这两位自汉代起就共度岁月的古老神祇更为坚固。

乾隆皇帝所赐匾额悬于门楣之上，曰"权舆造化"（于乾隆十三年，即1748年所赐）。同时，乾隆皇帝还赐予两块竖匾，曾悬于殿柱之上（今仅存一块），联曰"震出泰亨，万物广生推盛德；云蒸雨降，八方甘泽遍崇朝"。此联意为：东方孕育万物，其德泽广布，生机勃发，臻于至善；云气蒸腾，雨水降临，普天之下皆沐甘霖，万物丰茂，远及崇朝。①

历史上关于泰山夫人的资料并不多。《后汉书》李贤注释本中引用了东汉学者应劭的记载："既祀讫，取泰山君夫人坐前脯三十朐，太守拜章，县次驿马，传送雒阳。"然而，《后汉书》正文中并无此记载，因此我们只能证明，唐朝时期的注释出现时必定存

---

① 原文参见《泰山志》第五卷，第4页。

在泰山夫人信仰。最早的确切年份是大中祥符四年（1011年），真宗"加上东岳帝后曰淑明"。①

至此岱庙仅余东南、西南两隅未经探究，此处有中国最古老的生物：东侧的汉柏，西侧的唐槐。中国导游称，汉柏共有六株，乃元封元年（公元前110年）汉武帝来到泰山封禅之时亲手所植。因此，这些树开始存在的年代早于此处所有墙垣殿宇，后世建筑皆围绕其而建。倘若它们真的由汉武帝所植，那么其年岁已逾两千年，便可与美国优胜美地（Yosemite）的古松一争长寿之誉。有人曾意欲砍伐这些古树，然而据传斧刃刚刚落下，血色树液便喷涌而出。砍树之人见状，惧怕触怒树神，在天谴降临之前便仓皇逃离，正如同当年欲移东岳无字碑之人，在不祥风暴来临前便作鸟兽散。此林曾为一处天然胜景，自然为诗人雅集之所。西北角一颗柏树之下，便有一块御赐汉柏图碑，并刻有乾隆皇帝所题诗句，作于乾隆二十七年（1762年）。②

汉柏以北，偏东的位置，有东岳大帝另一位家族成员的废弃庙宇。这位家族成员是东岳大帝的子嗣，也是美丽而强大的碧霞元君之父。这位地方尊神的庙宇竟无屋顶，封门闭户，实在是令人惊讶。反观其女在山顶的大殿，每年都吸引数万虔诚

---

① ［清］唐仲冕编撰，孟昭水校点集注：《岱览校点集注（上）》，济南：泰山出版社2007年版，第186页。

② 原文参见《泰山志》第四卷，第14页。

香客，携礼进香朝拜。东岳大帝之子名为炳灵，其左右环绕有十八尊破旧的神像，代表着内地十八省，炳灵太子与其父东岳大帝同为这些地方的摄政者。此十八神原为泰安府下属十八县之神。然而新的县制颁布后，这些神祇的名字也有所调整，更具普遍意义。

传言炳灵是后汉将军炳灵的神化。当宋真宗于东岳大肆封赐道教诸神时，此勇将差点为人所遗忘了。然而，和前朝的三位勇敢的谏官一样，他也在夜间显灵，托梦给当世权臣王钦若，梦中他自称为已故将军炳灵之魂，言其已被泰山之神东岳大帝擢升为其第三子及继承人。然而此将军之魂却叹息一声，称自己虽为继承人，却无人间居所可栖，遂请王钦若代其向仁君请命，赐其一处小小居所。王钦若很快就安排兖州刺史重建庙堂，或者至少是加以修缮供炳灵太子使用，并说服宋真宗赐予其新的封号——炳灵公。王钦若接受托梦之处就在这座破败庙宇的后面。殿后有一座小型宫室，显然为炳灵公与其夫人的寝宫，名为灵感宫。

转至庙宇西南角，可见一处荒芜庭院。唐槐便独立于院中，树四周筑墙围护，以免当今过于热切之人在树上寻觅古代护身符与纪念物。俗传千年以来，一直有一位具有神力的树灵居于其中。

院北有延禧殿遗址。此殿曾供奉一位隐士，他以延禧真人自居。他在唐代便居住于泰山中,当时唐槐还是幼树。此人习得控制山中元素的秘术,可调节雨、风、地震。简而言之,他逐渐成为人们心中的东岳隐士,并于开元九年(721年),应道士司马承祯之请,被尊崇为神(如同其他同样幸运的凡人在五岳中的其他山峰被神化一样)。自那以后,延禧真人便从泰山消失了,即便是庙中之人都已忘却举办仪式,纪念其对天气和东岳云洞神秘力量的影响。①

岱宗坊和丰都庙

---

① 原文参见沙畹所著《泰山》,第147页及注释。

第十章

泰山纪事

《孟子·梁惠王上》(节选)

(齐宣王)曰:"不为者与不能者之形,何以异?"

(孟子)曰:"挟太山以超北海,语人曰:'我不能。'是诚不能也。为长者折枝,语人曰:'我不能。'是不为也,非不能也。故王之不王,非挟太山以超北海之类也;王之不王,是折枝之类也。"

泰山纪事

一、古籍中泰山之典故

《尚书》中记载了大禹巡守之时,他登泰山而祭拜,称之为岱宗。《尚书·禹贡》中称"海、岱惟青州",大禹划分九州,其中青州之界,东至于海,西至于岱。

《诗经》道"泰山岩岩,鲁邦所詹",称泰山为群峰中最为高峻,最受尊崇之山。《礼记·王制》有录"天子祭天下名山大川,五岳视三公……"当时,泰山属河东之地,"河东曰兖州",而东为青州。

《孟子》中亦有对于泰山的记载,如《公孙丑上》第二章、《尽心上》第二十四章、《梁惠王上》第七章。《论语·八佾》第六章亦记载孔子论及东岳之神圣。[①]

---

① 见第108、127、158和176页的引文。

二、帝王巡岱之史

（一）虞、夏、商、周朝时期

据《尚书·虞书·舜典》记载，"岁二月，东巡守，至于岱宗，柴"①。舜于公元前2278年2月来到山东，登临泰山，于极顶行祭天之礼（包括焚祭），并感叹自神圣的泰山俯瞰天下之壮观。

《诗经·大雅》中亦有泰山之咏。诗人吟道：

崧高维岳，骏极于天。

维岳降神，生甫及申。

《礼记·王制》记载帝王的典章制度，称"天子五年一巡守"，东岳为最重要的目的地。按照惯例，帝王于二月访岱。除常规祭山之礼外，还需举行其他仪式："觐诸侯。问百年者就见之。命大师陈诗以观民风，命市纳贾以观民之所好恶，志淫好辟……山川神只，有不举者，为不敬。不敬者，君削以地。宗庙，有不顺者为不孝。不孝者，君绌以爵。变礼易乐者，为不从。不从者，君流。革制度衣服者，为畔。畔者，君讨。有功德于民者，加地进律。五月，南巡守至于南岳，如东巡守之礼。八月，西巡

---

① ［清］唐仲冕编撰，孟昭水校点集注：《岱览校点集注（上）》，济南：泰山出版社2007年版，第13页。

守至于西岳，如南巡守之礼。十有一月，北巡守至于北岳，如西巡守之礼。"

（二）秦汉时期

秦始皇即位三年，东巡至东海，于泰山及其南部的梁父山行封禅之礼。其继任者秦二世于即位首年东巡，祭泰山。之后南巡至会稽，访泰山庙（公元前210年）。

据《通典》记载，汉武帝于元封元年（公元前110年）东巡，拜谒泰山。

东汉光武帝即位第三十年（54年）三月，前来泰山和梁父山祭拜天地。东汉第三位皇帝章帝即位第二年，亦来此处祭祀。据《后汉书》记载，"章帝元和二年二月，东巡狩至泰山，修坛兆。辛未，柴祭天地群神。壬申，宗祀五帝于汶上明堂。癸酉，更告祀高祖、太宗、世宗、中宗、世祖、显宗于明堂，各一太牢。卒事，遂觐东后，飨赐王侯群臣。因幸鲁，祠孔子七十二弟子。四月，还东都"。章帝诏曰："朕巡狩岱宗，柴望山川，告祀明堂，以章先勋。其二王之后，先圣之胤，东后蕃卫，伯父伯兄，仲叔季弟，幼子童孙，百僚从臣，宗室众子，要荒四裔，沙漠之北，葱岭之西，冒耏之类，跋涉悬渡，陵践阻绝，骏奔郊畤，咸来助祭。"

据《文献通考》记载，东汉永初四年（110年），章帝之孙安帝亦巡守祭东岳之神。

（三）后世诸朝

三国时期，太和元年（227年）魏明帝巡守泰山。据《晋书·礼志》记载，"魏明帝凡三东巡狩，所过存问高年，恤人疾苦，或赐谷帛，有古巡幸之风焉"。太延元年（435年）十一月，北魏太武帝南征途中，敬谒泰山，供上太牢。

开皇十五年（595年）正月，隋文帝乘马车至齐州。三月抵达泰山，行祭祀之礼。是年，又望祭其他四岳。

唐高宗为最著名的帝王香客之一。乾封元年（666年），唐高宗巡守时祭岱。开元十三年（725年），唐玄宗"发东都，赴东岳"。此皆见于《文献通考》。

大中祥符元年（1008年）宋真宗巡守之事最为奇妙，详见前文第64—66页。

永乐七年（1409年）三月，明成祖"车驾巡守，驻跸东平，望祭泰山"[①]。

清康熙、乾隆二帝亦曾巡岱，并于泰山庙宇中留下诸多碑文石刻，为泰山封禅传统增辉添彩。

[①] ［清］金棨编，陶莉、赵鹏点校：《泰山志（上）》，济南：山东人民出版社2019年版，第309页。

三、封禅祭祀之记载

历代王朝都谨守古已有之的泰山封禅礼节,故史册多有记载。溯至传说中舜帝的时代,据《尚书·虞书·舜典》记载,约公元前2278年,"东巡守,至于岱宗。柴,望秩于山川"。其后(公元前2278年摄位之时),"肆类于上帝"。

千年后(约公元前1122年),据《诗经·周颂》记载,周人自泰山始,依序祭山川,曰"陟其高山,嶞山乔岳,允犹翕河"。西汉时期的《礼记·王制》言"天子祭天下名山大川,五岳视三公,四渎视诸侯"。后发展为"诸侯祭名山大川之在其地者"。据《礼记·礼器》记载,"齐人将有事于泰山,必先有事于配林"。据《礼记·祭法》记载,"四坎坛,祭四方也"[①]。

《周礼·春官宗伯·大宗伯》曰:"以血祭祭社稷、五祀、五岳……国有大故,则旅上帝及四望。"《周礼·春官宗伯·小宗伯》曰:"兆五帝于四郊,四望、四类,亦如之……若军将有事,则与祭有司将事于四望。"

周公(周武王之弟,亦为其谋臣)为祭泰山的伟大政治家之一。秦始皇于公元前3世纪即位后,命官员以太牢祭五岳,春、秋各设一次祭礼,以此祈求于神,宣告即位,并求福于民。

---

① [清]金棨编,陶莉、赵鹏点校:《泰山志(上)》,济南:山东人民出版社2019年版,第306、309页。

汉宣帝于神爵元年（公元前61年）下诏，备泰山祭祀之礼。黄初元年（220年），岱顶出现异象。魏文帝即位后，"黄初元年十一月庚午，即阼于繁阳，燎祭天地、五岳、四渎"，二年"六月庚子，初祀五岳四渎，咸秩群祀，瘗沉珪璧"①。这是上天昭示对魏文帝的不满，其为三国曹操之子，通过夺权才得以上位，因此他祭祀泰山被视为亵渎行径。

东晋史载，开国皇帝遵循古礼祭祀泰山。建武元年（317年），晋元帝命宫廷大臣三人准备于孟春时节祭五岳。太宁三年（325年），晋明帝同样依照古礼制祭。晋成帝亲自立于北郊，祀地祇。之后，他又派遣使者分别祭拜五岳。

北魏鲜卑族拓跋氏两位皇帝（居平城）热衷古祭。北魏明元帝于泰常三年（418年），"立五岳四渎庙于桑乾水阴"②。依时节行柴祭酒祭，"春秋遣有司祭，有牲及币。四渎唯以牲牢，准古望秩云"。

皇兴二年（468年），其继任者北魏献文帝"以青徐既平，遣中书令兼太常高允奉玉币祀于东岳"，并题祝祷之文于泰山：

---

① ［清］金棨编，陶莉、赵鹏点校：《泰山志（上）》，济南：山东人民出版社2019年版，第310页。
② ［清］金棨编，陶莉、赵鹏点校：《泰山志（上）》，济南：山东人民出版社2019年版，第310页。

正址坤元，作镇东夏，齐二仪以永固，崇至德以配天。故能资元气以造物，协阴阳而变化。若其岩岭峭峙，川谷幽深，神怪谲诡，倏忽百灵，吐纳风云，育成万品，摄生之所归焉，祯祥之所萃焉。是以历代帝王之崇封禅，铭功以告其成，七十二君，咸在兹焉。自非功侔造化，应同自然，孰能若此者哉！自我国家，肃恭禋祀，怀柔百神，邦域之内，罔不咸秩。往以天路未夷，虽望祭有在，今大化既同，奄有淮岱，谨荐于岳宗之灵。尚飨。①

唐高宗于乾封元年（666年）、宋真宗于大中祥符元年（1008年）、明成祖于永乐七年（1409年）所行之礼，《泰山志》卷十二有详细记载。

四、康熙皇帝与泰山龙脉

"古今论九州山脉，但言华山为虎，泰山为龙。"此二者分别象征阴与阳，亦代表西与东。"地理家亦仅云泰山特起东方，张左右翼为障。总未根究泰山之龙，于何处发脉。"②

康熙皇帝于康熙二十三年（1684年）朝岱时称"朕细考形

---

① ［清］金棨编，陶莉、赵鹏点校：《泰山志（上）》，济南：山东人民出版社2019年版，第310—311页。
② ［清］金棨编，陶莉、赵鹏点校：《泰山志（上）》，济南：山东人民出版社2019年版，第1页。

势,深究地络,遣人航海测量,知泰山实发龙于长白山也。长白绵亘乌喇之南,山之四围百泉奔注,为松花、鸭绿、土门三大江之源……蜿蜒而南,旁薄起顿,峦岭重叠,至金州旅顺口之铁山,而龙脊时伏时现……接而为山东登州之福山、丹崖山;海中伏龙于是乎陆起,西南行八百余里,结而为泰山。穹崇盘屈,为五岳首"。东汉文人班固评此长脉,称其自北至东连绵不绝,而后分支为中国诸山脉大川。班固称此确为龙的形貌,因此,它必然为掌管天下山川的阳气化身——龙。①

康熙下令调查龙脉,他南巡江苏时,沿途登泰山,同时还观赏了济南名泉——趵突泉。至东天门日观峰时,曰:"岳为五方之长,发生万物,故躬祀之,为苍生祈福。"相传,康熙皇帝于康熙二十三年(1684年)在泰山游览了十三天。②

康熙二十八年(1689年),康熙皇帝再度巡幸泰山,上谕曰:

朕巡历所至,再经岱麓,重瞻祠宇,询其庙祝,知香火荒凉,日用难给,岱顶诸庙亦复如之。念泰山为五岳之长,载在祀典,有功社稷,不宜使之渐就寥落。合将每岁香税钱粮内,量给数百金,使上下岳庙与元君诸祠守祀者,得有资赖,晓夜尽心,

---

① 原文参见《泰山志》第一卷,第1a页。
② 原文参见《泰山志》第一卷,第1b、2页。

兼可时加修葺，以壮往来观瞻，示朕崇祀之意。尔诸臣即与山东巡抚藩、臬会议以闻。钦此。①

五、雍正皇帝与香税

雍正皇帝对修缮诸多庙宇石碑颇为关心，可见于雍正七年（1729年）的圣谕：

山东泰安州神庙，奉祀东岳泰山之神，历代相传。灵显昭著，估庇万民，俾国家享升平之福者，明神之功德，其来久矣。远近人民，感荷默佑之恩，焚香顶礼，罔不虔肃。其庙宇重修于康熙十二年，距今五十余年矣。兹据署巡抚费金吾奏称，庙宇盘道有倾圮颓坏之处，应加缮葺，山路亦当修整。著发内帑银两，命内务府郎中丁皂保、赫达色前往督工，敬谨修理，务使庙貌辉煌，工程坚固，速行告竣，以副朕为民报享之至意。特谕，钦此。②

雍正皇帝采取的更重要之举，是雍正十三年（1735年）颁诏

---

① ［清］唐仲冕编撰，孟昭水校点集注：《岱览校点集注（下）》，济南：泰山出版社2007年版，第901页。
② ［清］唐仲冕编撰，孟昭水校点集注：《岱览校点集注（下）》，济南：泰山出版社2007年版，第901页。

革除在山顶征收香税的弊政,谕曰:

  自古山川有能出云雨者,天子秩而祀之。而五岳之礼尤重,非有朝命不得致祠。然王立大社,而州党又各有社祭之祭,则春秋祷赛,庶民各就其所敬信而竭诚焉,亦礼俗之可以情假者也。泰山旧有碧霞灵应宫,远近瞻礼者,轨迹相望。必先输香税于泰安州,然后许其登山,税约岁万金,自前明以来,相沿未革。朕思东方物之所生,天地盛德之气之所发也。故《传》称"触石而出,肤寸而合,不崇朝而遍雨乎天下者,惟泰山耳"。则春祈秋报,黎庶辐辏,在国家亦宜顺达其情。若使力艰于输税,而不得登山,非所以从民之欲也。其富民乐施,多寡任意,准守祠人存贮,以修葺舍宇,平治道涂,有司不得干预。谕到即镌石树祠,用垂永久。特谕,钦此。①

六、乾隆皇帝与元君信仰

  乾隆六年(1741年)在泰山留下石刻,曰:"粤以乾隆六年,特遣专官,董建灵宇。殿庭、廊庑、门序、观阙,崇闳壮丽,鸟斯革,翚斯飞,耽耽翼翼,琉璃丹碧,辉映日星,黼座璇题,像

---

  ① [清]唐仲冕编撰,孟昭水校点集注:《岱览校点集注(下)》,济南:泰山出版社2007年版,第901页。

设神御。穆然其容，范金惟肖。"①

此乃乾隆皇帝之谕旨，将其题刻于石的任务则交由御用工匠完成。同时，乾隆皇帝亦有如下碑文：

朕惟岱为方岳，昉于《虞书》，列于《禹贡》，纪于《周官》，详于《春秋传》。盖河、济、淮、海，川渎环汇，扶舆积高之气，磅礴蕴结，灵淑钟萃，蔚为神皋。奠坤维而翊天缀，方位属震，盛德在木，得造化生生之元。故触石出云，不崇朝而遍雨天下，功至仁也，泽至溥也。我列祖抚一海宇，怀保烝黎，一体天地，大生广生之心。为神人主，明德馨香，神庥昭格。②

乾隆三十五年（1770年），乾隆在碧霞元君庙留下碑记，曰：

缘岱麓磴梯而上，逾盘道者五千，然后趼天门，扪日观，岩岩亭亭，纬宿列槛，垂芒若引手可摘，其地正应积高神明之奥。有庙焉，范金涂臒，晃蒆庆霄。稽《水经注》所载"岳

---

① ［清］唐仲冕编撰，孟昭水校点集注：《岱览校点集注（下）》，济南：泰山出版社2007年版，第896页。
② ［清］唐仲冕编撰，孟昭水校点集注：《岱览校点集注（下）》，济南：泰山出版社2007年版，第896页。

顶上庙"，兹其故址矣。而神祎、翟、珈、笄，孔啐孔愉，耇鲐、妇竖，擎香捧萁，厥角徕辌，相与喁喁请命，则曰碧霞元君。说者以为黄帝所遣玉女，或以谓是即泰山神女，往往仳背不合。覆之志乘，元君称号肇自有宋大中祥符间。真宗有事东封，以上顶有玉女池，乃易池旁石像为玉，龛而祭之。顾考刘禹锡《送张炼师还东岳诗》有"久事元君住翠微"之句，是唐以前故有元君之名，不自宋始，彼《道藏》及诸家所徵姓氏世系，庸足深辨哉。古者治神人，和上下，设教不为戾俗，求其指归，亦曰"礼由义起，实以名章"而已尔。《易》曰："乾，天也，故称乎父；坤，地也，故称乎母。"汉《郊祀歌》于后土夫人曰"富媪"，又曰"媪神"。张晏曰："媪者，老母之称，坤为地，故名媪。"《记》言"地秉阴，窍于山川"。而泰山者，万物之始，阴阳之交，众岳之宗。以是证之，太一青元实惟其所宜乎！有生之属，斋心祇祓，愿揭其虔于元君，而元君亦将忞其勤而锡之羡。然则国家秩祀泰山之神，与亿兆人奔走奉事碧霞元君之神，其为翼绎元化，二乎一乎！在《周官·大宗伯》有"各因其方"之语，在《鲁论》有"祭神如在"之文，"如在"云者，讵惟是肸蚃荒忽，不可端倪，于山仅见若堂、若霍，于草木仅见维天、维乔之谓乎！亦将因其声容，得其精爽，而后著之目而成之心，神人之道可接也。且岳视三公，特自其秩言之，今其肖像炳灵者，既蔽统秉圭矣，又安知曼曼穆穆其对越乎？祜、翟、珈、笲者，不诚二乎一乎！以是比类而推，北如"玄冥"，南如"祝融"，西如"颢灵"，应具有其主名正位，黎然食报于方望！此物此志也。朕荷穹昊垂休，叠逢国庆，嘉荐普浃，夙事宜周。是庙自辛酉鼎新，距今垂三十载，因敕工官，往会所司，支内帑金，庀材增葺，闳垲完致，所以答神贶，所以祈神禧，胥于是焉。在其经始，则己丑季春；其蒇成，则庚寅孟冬也。①

七、乾隆三十五年修缮泰安岱庙

岱庙一殿中立有乾隆三十五年（1770年）的御制石碑，记载乾隆皇帝对泰山信仰之见：

泰岱位长群岳，称宗最古，表望最尊，而有其秩之举，莫敢废，所系于政经亦最钜。逖稽诗书，首纪有虞。成周之世，弥文懿烁隆茂，大要非巡狩述职，穆穆皇皇，未闻轻议展彩错事，数典特为严重。陵夷汔乎霸国，觊觎三五，妄希受命告功，其臣犹知设辞以靳之。然自七十二家之说兴，而昭姓考瑞，大号显名，铺陈极乎迁之书、相如之文，世世封土作磥，琢玉成牒；甚者以

---

① ［清］唐仲冕编撰，孟昭水校点集注：《岱览校点集注（下）》，济南：泰山出版社2007年版，第899页。

上山为恐伤木石，以遇风雨为德未至，以举火辄应为得行秘祠。盖由柴望一变为封禅，由封禅再变为神仙，而汰侈益无等矣。我朝鉴于成宪，祗慎明禋，洪惟皇祖圣祖仁皇帝康熙二十三年甲子，廷臣有援"黄帝上元封峦勒成"之说为请者，圣谕特下九卿等议驳，甚盛典也，甚盛心也。朕寅承永怀，彝训时式，每逢时巡盛仪，即躬祀岳庙，洁蠲将事。而于登封台纪事诸什，时复长言申谕，所谓"便是尧舜至今存，迄无可告成功日"者，其义庶几质诸古皇而不易耳。夫庋经者，不可以不斥；则准经者，不可以不修。方曲阰闻之士，猥言易坛禅而庙庭，而像设，疑乎踵事非制。故吴澄以五岳之麓各立一庙，谓始自唐时。及考郦道元引《从征记》称"岱庙有三，今屺崿南麓者，实即肯之下庙"。又称"庙有汉柏，庙库藏汉时神车乐器"。则祀岳于此自汉已然，从来甚远。且巡狩述职，特祀也。国有令典，遣官赍祝策来告，常祀也。是皆于庙有专飨，而又何泥古之云。乃者，岁庚寅为朕六十庆辰，至辛卯，恭逢圣母皇太后八旬万寿，于时九宇胪欢，百灵介祉。①

---

① ［清］唐仲冕编撰，孟昭水校点集注：《岱览校点集注（下）》，济南：泰山出版社2007年版，第897—898页。

八、康熙皇帝与爱身崖

康熙二十四年（1685年），康熙皇帝登临泰山。臣工请其遵循惯例，选择经过爱身崖的上山路线。可是，皇帝不愿为这种庸俗之事树立榜样，遂借机痛斥与该地有关的妄念。以下引文见于《九朝东华录》，为康熙二十四年（1685年）诏书一部分：

愚民无知，惑于妄诞之说，以舍身为孝。不知身体发肤，受之父母，不敢毁伤。故曾子有临深履薄之惧。且父母爱子，惟疾之忧。子既舍身，不能奉养父母。是不孝也。此等事，处处有之。正宜晓谕严禁，使百姓不为习俗所误。观之何为？

经过孔子登临处的香客

第十一章

附　录

《论语·八佾》(节选)

季氏旅于泰山。子谓冉有曰:"女弗能救与?"对曰:"不能。"子曰:"呜呼!曾谓泰山不如林放乎?"

附 录

一、帝王访岱

若将亲临泰山的中国古代帝王尽数列出,名单必然十分冗长,且无太多价值。据史学家司马迁引述,齐国一位名臣曾言:"古者封泰山禅梁父者七十二家。"公元前651年,齐桓公欲效仿古人,于泰山祭拜天地。然而大臣管仲解释道,齐桓公并不具备此等祭祀所需资质。因为他并非天子,不像前述七十二帝具有封禅的资格。

只有孔子所处的时代以前的最后十二位帝王之名留了下来。首位为无怀氏。其后为三皇——伏羲、神农、黄帝①。继而为五帝——少昊、颛顼、帝喾、尧、舜②。最后为中国最古三朝的开国

---

① 参考《三字经》中的说法。——编者注
② 参考《帝王世纪》中的说法。——编者注

君主——夏禹、商汤、周武王①。

继上述帝王之后,在泰山封禅并留下确凿遗迹的古代帝王名录如下:

  公元前1096年,周成王姬诵

  公元前219年,秦始皇嬴政

  公元前210年,秦二世胡亥

  公元前110年,汉武帝刘彻

  56年,东汉光武帝刘秀

  86年,东汉章帝刘炟

  110年,东汉安帝刘祜

  227年,魏明帝曹叡

  435年,北魏太武帝拓跋焘

  595年,隋文帝杨坚

  666年,唐高宗李治

  726年,唐玄宗李隆基

  1008年,宋真宗赵恒

  1409年,明成祖朱棣

---

① 此处原文为周武王,但事实并非如此,应为周成王,见《管子·封禅篇》。——译者注

1684年，清圣祖爱新觉罗·玄烨

1689年，清圣祖爱新觉罗·玄烨

1731年，清世宗爱新觉罗·胤禛

1748年，清高宗爱新觉罗·弘历

1771年，清高宗爱新觉罗·弘历

二、《竹书纪年》所载泰山

"帝尧陶唐氏……元年丙子，帝即位，居冀。命羲和历象。五年，初巡狩四岳……七十年春正月，帝使四岳锡虞舜命……七十四年，虞舜初巡狩四岳。"

"帝舜有虞氏……三十二年，帝命夏后总师，遂陟方岳。"

"帝发……七年，陟。泰山震。"

"殷商成汤……二十五年……初巡狩，定献令。"

"周武王……十五年……初狩方岳，诰于沬邑。"

三、《尚书·虞书·舜典》所载舜帝巡守泰山

"岁二月，东巡守，至于岱宗。柴，望秩于山川，肆觐东后。"

---

① 南北朝时期的政权有南朝的宋、齐、梁、陈，以及北朝的北魏、东魏、北齐、西魏和北周。——译者注

四、中国历代纪年表

时期	年代
五帝	约公元前30世纪初—约公元前21世纪初
夏	约公元前2070—公元前1600年
商	公元前1600—公元前1046年
周	公元前1046—公元前256年
秦	公元前221—公元前206年
西汉	公元前206—公元25年
东汉	25—220年
三国：魏、蜀、吴	220—280年
晋	265—420年
南北朝①	420—589年
隋	581—618年
唐	618—907年
五代	907—960年
北宋	960—1127年
南宋	1127—1279年
辽	907—1125年
西夏	1038—1227年
金	1115—1234年
元	1206—1368年
明	1368—1644年
清	1616—1911年
中华民国	1912—1949年
中华人民共和国	1949年10月1日成立

五、参考文献

1. 目前不存在非常古老的泰山历史著作。明朝嘉靖年间，汪子卿撰写了一部《泰山志校证》。汪是一位伟大的学者，生活在15世纪。后来，一些更古老的历史为人所发掘，吴伯朋据此对《泰山志》进行修正，并在书中增补了从山上各处发现的古代碑文。至此便是我们现在所掌握的泰山历史，收录于大部头著作《泰山志》中。

本书的主要事实来源便是这套二十卷本的古籍《泰山志》。它由金棨主持编纂，于嘉庆六年（1801年）首次出版，嘉庆十三年（1808年）再版。用于印刷的433块书版现存于泰安岱庙的博物馆中。

2. 参考文献依重要性排列如下：

"T'ai Shan Chih," by Chin Ch'i. Published at Taian, 1801.

"Tai Lan," by T'ang Chung Mien. Published at Taian, 1805.

"T'ai Shan Tao Li Chi," by Nich Wen. Published at Taian, 1771.

"Taian Hsien Chih," by Huang Ch'ien. Published at Taian, 1782.

"Le T'ai Chan, Essai de monographie d'un Culte Chinois," par Edouard Chavannes. (Annales du Musée Guimet No. 21.) Published at Paris, 1910, by E. Leroux.

"Der Tai Schan und seine Kultstatten," von P. A. Tschepe, S. J.

Published at Jenschoufu, 1906, Katholischen Mission.

"Shantung, the Sacred Province of China," by R. C. Forsyth et al. Published at Shanghai, 1912, Christian Literature Society.

3. 期刊中关于泰山有价值的文章如下：

"T'ai Shan," by C. W. Mateer, in the *Chinese Recorder*, Vol. X (1879).

"A Visit to T'ai Shan," by P. D. Bergen, in the *Chinese Recorder*, Vol. XIX (1888), p. 541 seq.

"T'ai Shan and the Land of Confucius," by C. A. Stanley, in the *East of Asia*, Vol. IV (1905), p. 301 seq.

"T'ai Shan," by A. C. Moule, in the N. C. B. *Journal of the Royal Asiatic Society*, Vol. XLIII (1912).

"Shrines of History: Peak of the East—T'ai Shan," Mrs. F. Ayscough, in the N. C. B. *Journal of the Royal Asiatic Society*, Vol. XLVIII (1917).

郭朋朋：《贝克尔〈泰山：中国圣山东岳〉述论》，载《泰山学院学报》，2020年第4期，第10—14页。

4. 本书还引用了许多中西方通史著作，可以在脚注中找到这些书的书名。特别参考了以下书籍：

"The Chinese Classics," by James Legge (2nd edition, 7 volumes). Published at Oxford, 1893, Clarendon Press.

"The She King," by James Legge. Published at London, 1876, Trubner and Co.

"The Encyclopedia Sinica," by Samuel Couling, M.A. Published at Shanghai, 1917, Kelly and Walsh, Ltd.

"Myths and Legends of China," E. T. C. Werner. Published at London, 1922, by Harrap.

5. 特别鸣谢以下中文诗集的作者和出版者，本书每个章节前所出现的选段均选自这些作品：

"Fir Flower Tablets," translated by Florence Ayscough and Amy Lowell. Published at Boston, 1921, by Houghton, Mifflin & Co.

"A Hundred and Seventy Chinese Poems," translated by Arthur Waley. Published at New York, 1919, by A. A. Knopf.

"Chinese Poems," translated by Charles Budd. Published at Oxford, 1912, by H. Froude.

"A Lute of Jade," translated by L. Cranmer-Byng. Published at London, 1913, by John Murray.

"Gems of Chinese Verse," translated by W. J B. Fletcher. Published at Shanghai, 1919, by the Commercial Press, Limited.

最后，非常感谢尤妮斯·娣简丝女士的特别授权，允许我从《中国印象》(*Profiles from China*)一书中摘取出她的原创诗作《至圣之山》(*The Most Sacred Mountain*)。

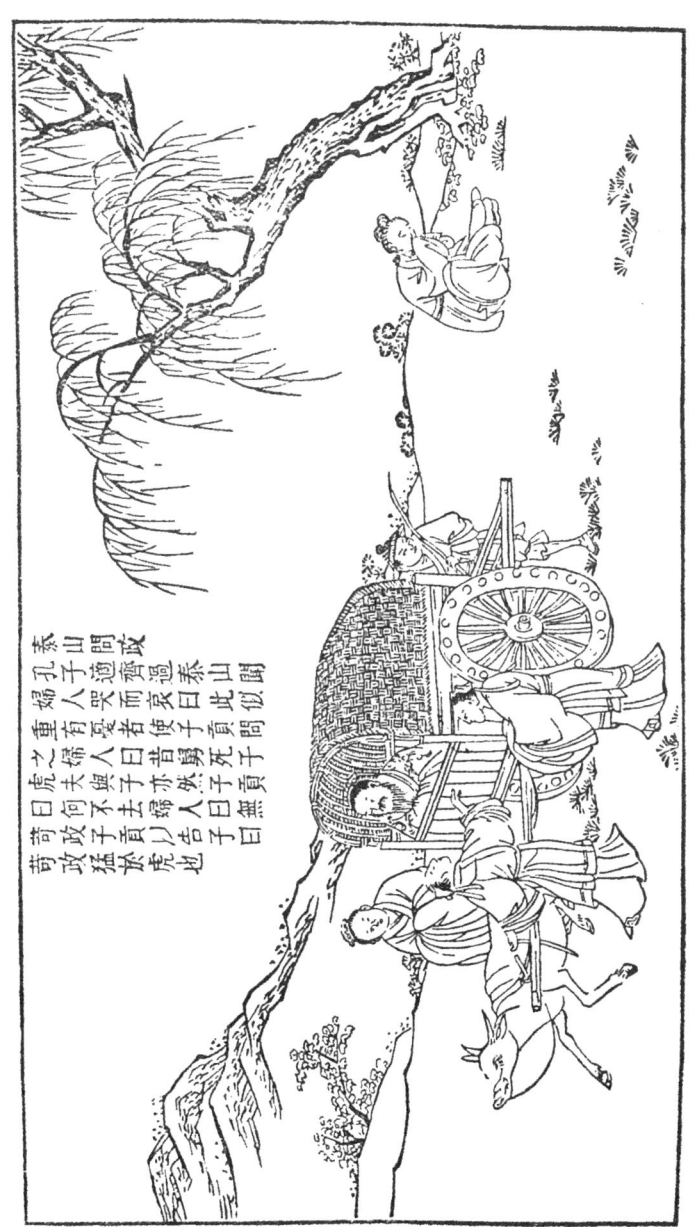

《孔子圣迹图·泰山问政》